Por trás do véu de Ísis

Marcel Souto Maior

POR TRÁS DO VEU DE ISIS

Uma investigação jornalística sobre a comunicação entre vivos e mortos.

7ª reimpressão

Preparação: Tulio Kawata
Revisão: Rodrigo Villela e Antônio Orzari
Criação de capa: Ricardo Assis
Foto da capa: "Chico Xavier psicografando", de José Martins Peralva Sobrinho, Belo Horizonte, 9/6/1967. Fonte: *O Espírita Mineiro*, n. 125, julho de 1967, edição especial.
Fotos menores: Arquivo Marcel Souto Maior

Dados Internacionais de Catalogação na Publicação (CIP)
(Câmara Brasileira do Livro, SP, Brasil)

Souto Maior, Marcel
Por trás do véu de Ísis : uma investigação sobre a comunicação entre vivos e mortos / Marcel Souto Maior . — São Paulo : Editora Planeta do Brasil, 2004.

ISBN 978-85-8988-542-3

1. Espiritismo 2. Investigação 3. Mediunidade 4. Psicografia 5. Vida futura 6. Xavier, Francisco Cândido, 1910-2002 I. Título II. Título: Uma investigação sobre a comunicação entre vivos e mortos.

04-4880 CDD-133.93

Índice para catálogo sistemático:
1. Xavier, Chico : Psicografia : Investigações: Espiritismo 133.93

2005

EDITORA PLANETA DO BRASIL LTDA.
Avenida Francisco Matarazzo, 1500 – 3º andar – conj. 32B
Edifício New York
05001-100 – São Paulo-SP
vendas@editoraplaneta.com.br

Para Juraci Quirino,
que foi comigo até o fim nesta investigação,
e seus filhos, Felipe e Daniel.

Para Anabela, Antônio,
Isadora, Rose, Ronan, Simone e João.

índice

A mensagem de "tia Lourinha"

Sábado, 27 de setembro de 2003. O telefone toca na minha casa, no Rio de Janeiro, no início da tarde. Do outro lado da linha, está um jovem que me entrevistou para um programa de TV espírita quando fui lançar a biografia de Chico Xavier em Brasília.

— Você conheceu alguma "tia Lourinha"?

Eu nunca tinha ouvido falar em alguém com este nome.

— Você poderia checar com sua família?

Eu sabia que o jovem, um professor universitário de 35 anos, pai de três filhos, exercitava a psicografia há quinze anos e arquivava, com cuidado e discrição, todas as mensagens transmitidas pelos mortos através dele.

— "Tia Lourinha" enviou algum recado pra mim? — arrisquei, desconfiado.

Depois de pesquisar a vida de Chico Xavier e lançar a biografia do médium em diversos centros espíritas do país, eu já não me assombrava com esta caixa postal entre vivos e mortos.

O jovem psicógrafo evitou dar detalhes. Antes precisava confirmar se existiu mesmo alguma tia Lourinha na minha vida.

Primeiro liguei para meu pai, Ronan.

— Tia Lourinha? Não conheço não — respondeu, após alguns instantes de dúvida. Ficou de checar a informação com a família.

Em seguida, liguei pra minha mãe, Rose.

— Tia Lourinha? Claro. Era grande amiga da sua avó, morava na Tijuca, estava sempre com a tia Maria [*irmã da minha avó*]. Morreu de câncer. Por quê?

Eu era muito criança quando conheci a tia Lourinha. Tão criança que não guardei nenhuma lembrança dela (nem o apelido estranho). A tia Maria, sim, foi uma figura importante na minha infância (era a tia que me presenteava com frascos e frascos de perfume todo Natal).

Minutos depois, telefonei para o jovem de Brasília.

— Existiu, sim, uma tia Lourinha.

E veio a confirmação: era ela quem assinava a seguinte mensagem para mim.

Marcel, meu filho,

Eis que do outro lado do rio da vida, volto contente por tudo que nos deu a divindade.
Sua tia e seu avô pedem que você persevere na grande luta de divulgar a obra do apóstolo do espiritismo Chico Xavier.
Confie em Deus e siga adiante.
Porque foste chamado ao trabalho e agora não podes abandoná-lo.

Um beijo
Da tia Lourinha.

O recado da "tia Lourinha" foi enviado através do médium de Brasília numa quarta-feira à noite. Naquele dia, depois de três meses de palestras e entrevistas incessantes por todo o país, eu pensava seriamente em reduzir o ritmo da divulgação de *As vidas*

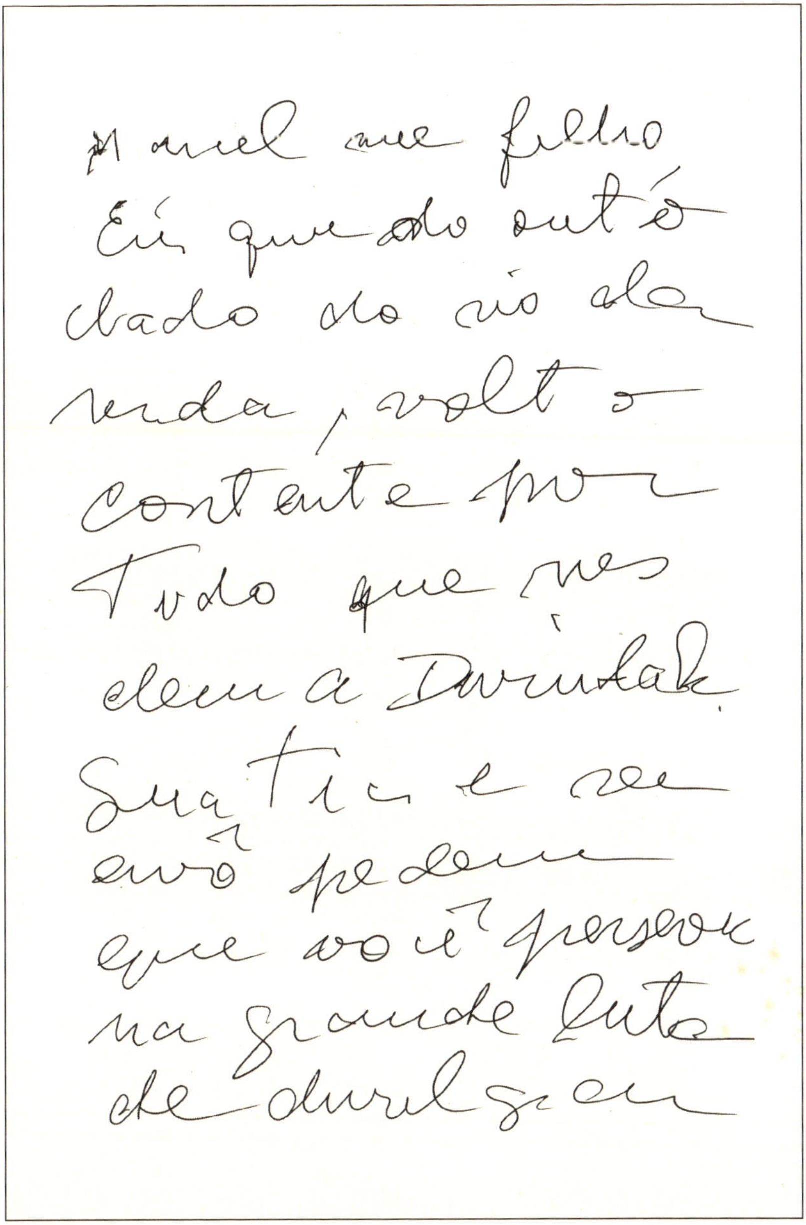

Marcel meu filho
Eu quando saí do
lado do rio da
vida, volto
contente por
tudo que nos
deu a Divindade.
Sua tia e seu
avô pedem
que você persevere
na grande luta
de divulgação

Mensagem de tia "Lourinha" para Marcel (nesta página e nas duas seguintes): a carta psicografada por um médium de Brasília motivou o autor a iniciar esta investigação.

a obra do
apostolado do
Espiritismo Cristão
Xavier.
Confie em
Deus e siga
adiante
Porque foste
chamado ao
trabalho

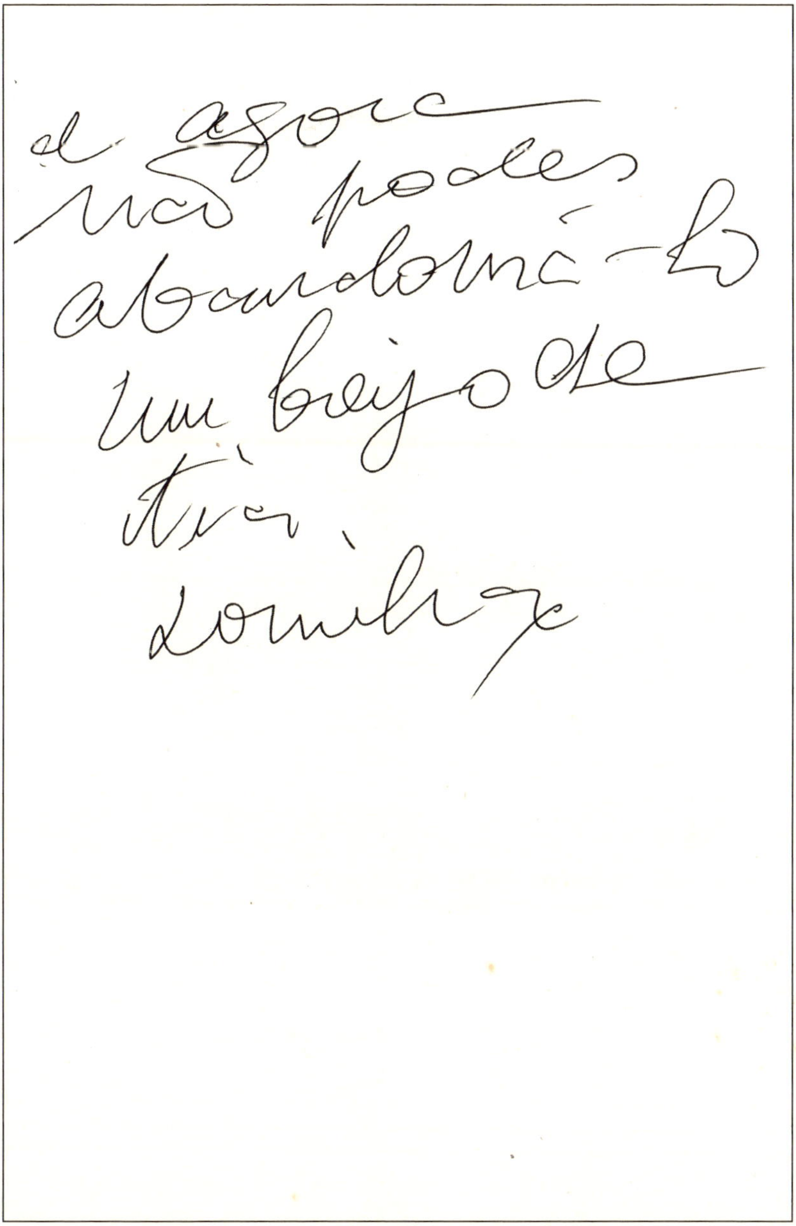

E agora
não podes
abandoná-lo
um beijo de
tia
Lourinha

de Chico Xavier para mergulhar na próxima biografia, um livro desvinculado do universo espírita.

A mensagem da tia que eu mal conheci mudou meus planos. Um novo livro — este — começou a nascer ali.

Decidi estudar, com objetividade e isenção, um tema tão controvertido quanto intrigante: a comunicação entre vivos e mortos.

Quando me perguntam, nas palestras e entrevistas, o que mais me impressionou na trajetória de Chico, sempre dou a mesma resposta: as mensagens psicografadas por ele, de olhos fechados, em sessões públicas testemunhadas por multidões e pontuadas por crises de choro vindas das famílias para quem os mortos enviavam seus recados.

Qualquer cético ficaria impressionado com as cartas escritas a jato, repletas de nomes, sobrenomes, apelidos de família e detalhes minuciosos sobre as circunstâncias da morte (quase sempre trágicas e inesperadas) e sobre a vida no "outro mundo" — ou "do avesso", como definiu um "espírito" em mensagem transmitida através de Chico.

> *Oi, mamãe Zilda, você está aí esperando algum sinal do Português e venho, com o vovô Dirceu, que me auxilia a escrever-lhe esta carta ligeira. Mamãe, o nosso choque com a carreta por cima não está em nenhum gibi.* [De Alexandre, o Português, onze anos, através de Chico Xavier, em 1985]

> *A vovó Escolástica, o vovô Emídio e o vovô Manuel são aqui verdadeiros pais para mim, e tenho esperança de que em breve estarei em plena sanidade espiritual.* [De Emídio Manuel, 22 anos, através de Chico Xavier, em 1982]

> *Vejo aqui tantos amigos bons, mas a memória não está muito exata. Mas reconheço minha tia Ana, minha tia Leonilda, lembrando o meu tio Bellucci. Já abracei Irani e peço a Deus por ela e pelo nosso caro Ribeiro.* [De Solange Victoretti, vinte anos, através de Chico Xavier, em 1975]

Como explicar mensagens como estas?

Uma hipótese: telepatia. O médium teria acesso ao inconsciente das pessoas que buscam notícias de seus mortos, em geral pais e mães aflitos por notícias do além, inconformados com a morte prematura dos filhos e atormentados pela culpa de não terem conseguido prever e evitar as tragédias.

Esta era a minha tese quando desembarquei em Uberaba pela primeira vez, em 1994, para iniciar a biografia de Chico Xavier. Uma hipótese insustentável pela natureza do próprio fenômeno telepático, que, segundo especialistas, deve ocorrer em condições especiais, de preferência entre duas pessoas com relativa afinidade e voltadas para o mesmo objetivo.

Não era o que acontecia nas sessões lotadas conduzidas por Chico, onde se aglomeravam, quase sempre, mais de trezentas pessoas num espaço exíguo.

Além disso, muitas vezes, o destinatário das mensagens não conhecia detalhes relatados nos textos psicografados por Chico e precisava recorrer a outras fontes para confirmar informações remotas como o apelido de um bisavô ou antigos nomes de bairros.

Exemplos:

Numa das sessões no Grupo Espírita da Prece, o centro de Chico em Uberaba, uma mãe reconhece a identidade do filho em longa mensagem psicografada pelo médium. Os detalhes da morte estão lá, os nomes e apelidos de família também, a assinatura, ao final da mensagem, é idêntica à dele, mas há um fato estranho naquela carta. O jovem se refere à mãe como "Minha Cica" — e este não é o nome dela.

Só depois de algum tempo a mãe se lembra de uma discussão que teve com o rapaz duas semanas antes da morte dele. Na briga, ela proibiu o filho de chamá-la de "Minha Elefantinha" (ela estava bem acima do peso). Depois de morto, o rapaz trocou o "Minha Elefantinha" proibido pelo "Minha Cica".

Cica era conhecida na época como a "marca do Elefantinho", extrato de tomate muito popular na década de 1980.

Em outra mensagem, uma jovem morta em acidente de carro aos 23 anos, Rosimari, envia um longo poema para a mãe.

Entre alguns versos, um detalhe inexplicável chama a atenção: uma letra "N" maiúscula e sem sentido se repete.

N
Mamãe, Deus não nos abandona
Amor é a nossa união

N
Meu anjo lindo imortal
O Senhor lhe guarde a vida

No último verso, a despedida:

Beijos N de sua Rosemari.

A destinatária demora a decifrar este código e só com algum esforço se lembra de um hábito das duas quando Rosemari era menina: a mãe tinha mania de se despedir da filha com beijos na ponta do nariz, os beijos N.

Em outra mensagem, também psicografada por Chico, um jovem chamado Mílton usa a assinatura dos tempos de "vivo" para se despedir dos pais: "1000 ton".

Como explicar tantos detalhes?

Céticos como o padre Quevedo têm uma resposta pronta: fraude. O médium e sua equipe levantariam informações sobre o morto e suas famílias e usariam esses dados em mensagens supostamente psicografadas para forjar a autenticidade delas.

Boa parte dessa pesquisa seria realizada pelo próprio médium durante conversas com os interessados em receber uma carta do além. De acordo com essa tese, a psicografia não passaria, então, de uma espécie de exibição dos prodígios da memória.

Chico costumava conversar, sim, com os visitantes do centro, mas nem sempre, nesses encontros, eram as famílias que faziam revelações. Muitas vezes as notícias vinham do lado de lá.

Elisabeth Lemos Vieira tinha 23 anos em 1973 quando desembarcou em Uberaba pela primeira vez para passar férias na casa de amigos. Moradora do Rio de Janeiro, ela nunca tinha ouvido falar em Chico Xavier e foi levada à casa dele para uma visita pelo seu anfitrião, amigo do médium.

Chico a cumprimentou com frases incompreensíveis:

— Boneca, não foi isto que eu te ensinei não. Por que você foi se separar do seu marido?

Beth levou um susto. O desquite, na época, era um tabu e ela fazia questão de guardar segredo sobre sua separação prematura.

— Quem é o senhor?

— Sou seu pai, Boneca, o Laudo. Você não está me reconhecendo?

Morto em 19 de março de 1964, Laudo costumava chamar a filha de "Boneca".

Depois de censurar Beth pelo fim do casamento, Chico assumiu um tom mais suave e mais pausado:

— Betinha, que saudade, Betinha... — era a mãe dela, morta em 1968.

Beth entrou na casa como católica convicta e saiu de lá espiritualista, como se define hoje.

Nos meios espíritas, ninguém se esquece de Maurício Garcez Henrique, o rapaz de quinze anos, morador de Goiânia, assassinado com um tiro na barriga pelo melhor amigo, José Divino, no dia 8 de maio de 1976.

O acusado foi preso em flagrante instantes depois do crime e, desde o início, repetiu a mesma história: o disparo tinha sido acidental. Os dois brincavam com a arma do pai de José Divino — que imaginavam estar descarregada — quando o tiro foi disparado.

Os pais da vítima exigiram justiça: prisão para o réu. O julgamento começou e uma testemunha-chave apareceu em Uberaba, por intermédio de Chico, para dar seu depoimento: o morto.

> *Não se procure culpa em ninguém. O acidente foi um acidente real. O José Divino e nem ninguém teve culpa em meu caso. Brincávamos a respeito da possibilidade de se ferir alguém pela imagem do espelho e, quando eu passava em frente de minha própria figura, refletida no espelho, sem que o momento fosse para qualquer movimento*

> *meu, o tiro me alcançou, sem que a culpa fosse do amigo ou minha mesma.*
> *O resultado foi aquele.*
> *Hospitalização de emergência para deixar o corpo longe de casa.*
> *Se alguém deve pedir perdão, sou eu mesmo, porque não devia ter admitido brincar, ao invés de estudar.*

A mensagem foi endereçada aos pais da vítima, ávidos por justiça e por consolo no Grupo Espírita da Prece. Os detalhes eram tantos — e tão desconhecidos pelo médium — que os próprios pais de Maurício encaminharam o texto ao juiz encarregado do caso.

A descrição feita pelo morto coincidia em tantos pontos com o depoimento do réu e com o laudo dos peritos, que o juiz Orimar de Bastos — católico assumido — decretou em sua sentença, nunca contestada pelos pais da vítima:

> *Temos que dar credibilidade à mensagem psicografada por Francisco Cândido Xavier. Na mensagem, a vítima relata o fato e isenta de culpa o acusado. Fala da brincadeira com o revólver e o disparo da arma. Coaduna este relato com as declarações prestadas pelo acusado, quando do seu interrogatório.*

Pela primeira vez na história, a vítima de um assassinato voltou à tona para inocentar o réu. Um escândalo que virou notícia em jornais do exterior.

A história não terminou aí.

O que poucos sabem é que, meses depois da sentença e da polêmica, o juiz Orimar de Bastos e a ex-esposa, Waldéa Argenta de Bastos, foram a Uberaba conhecer Chico Xavier.

Orimar queria receber uma mensagem do pai, mas não fez qualquer encomenda ao médium para não influenciá-lo. Quando a conversa começou, na casa do médium, Chico fez uma pergunta:

— Quem é Hugo Argenta?

Era o pai de Waldéa.

— Hugo está tão satisfeito de ver a filha querida aqui que não tem coragem de escrever nenhuma mensagem.

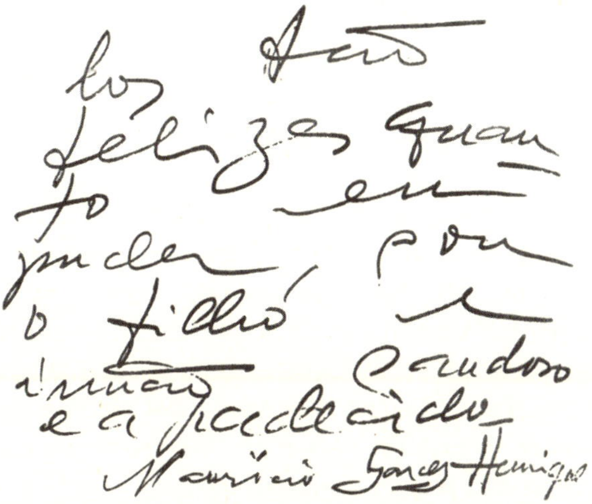

Assinatura psicografada pelo medium
FRANCISCO C. XAVIER

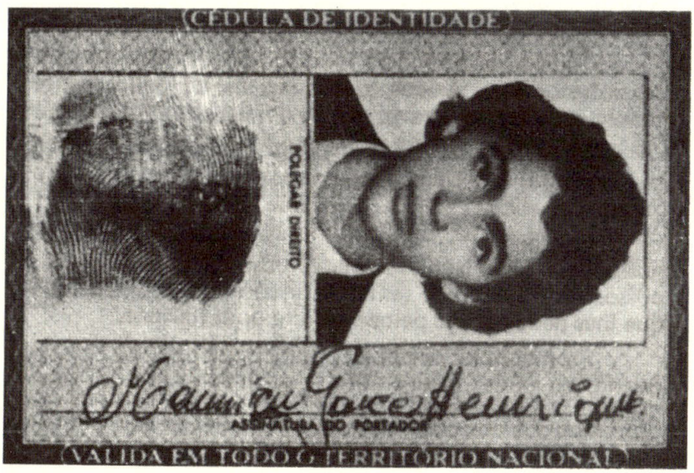

Mensagem psicografada por Chico Xavier, a assinatura do morto é idêntica à original. Pela primeira vez, a vítima de um assassinato inocenta o réu no tribunal.

O médium seria porta-voz dos recados do além. Ele falaria por Hugo Argenta. Hugo agradecia à filha por ter sido enterrado aos pés de Santa Bárbara, no cemitério, e dizia estar ao lado da Irmã Rosa Preta, Chiquinho Pirillo, Chiquinho Cruz, doutor Neto e Lourenço.

— Que Lourenço? — o juiz recobrou o fôlego para perguntar.

— Lourenço, ora, o parente do Orissanga.

Orissanga era o pai do juiz Orimar. Lourenço tinha sido assassinado por um homem que o acusou de ter "deflorado" sua irmã e voltava à tona para protestar.

— Morri inocente. Não sou culpado.

A conclusão de Orimar de Bastos sobre esse encontro se resume a duas perguntas:

— Como vou duvidar? Como ele sabia?

Em muitas mensagens escritas por Chico Xavier nas sessões públicas de psicografia, as assinaturas dos mortos costumavam surpreender as famílias e abalar o ceticismo dos pais mais desconfiados. Algumas delas eram idênticas às originais, registradas nas carteiras de identidade dos remetentes.

O perito Carlos Augusto Perandréa, especialista em identificação datiloscópica e grafotécnica, analisou a caligrafia de mensagens psicografadas por Chico Xavier e confrontou a grafia dos textos escritos por ele com outros assinados pelos mortos na época em que eram vivos.

O resultado desses exames grafotécnicos se transformou no livro *A psicografia à luz da grafoscopia*. Uma das mensagens estudadas, letra a letra, frase a frase, era atribuída a Ilda Mascaro Saullo, morta em Roma, de câncer, em 22 de dezembro de 1977.

Chico foi portador de um bilhete póstumo dela, devidamente escrito em italiano (língua que ele não conhecia). "*Ortensio, figli del mio cuore...*" [Ortensio, filho do meu coração...]

Perandréa, filho de família católica, buscou na mensagem psicografada traços de Chico e vestígios da escrita original de Ilda.

Um dos trechos de seu dossiê se detém na análise minuciosa da caligrafia da primeira palavra da mensagem: "Ortensio" (o mesmo nome foi escrito por Chico no texto psicografado e por Ilda num cartão de Natal).

Conclusão do exame:

Escrita questionada.

Escrita padrão.

No cotejamento dos vocábulos acima, constata-se perfeita igualdade nas letras "t", bem como nos gramas de ligação entre os símbolos "r" para "t", "t" para "e", "e" para "n". Ainda nas letras "t", confirma-se igualdade nas extensões e aberturas das hastes, com os mesmos "quebramentos" oriundos de um mesmo sentido genético e tendência genética. Igualdade, também, no corte das letras "t", que apresentam as barras na mesma altura e na mesma inclinação. As letras "e" apresentam a mesma concepção genética, lembrando a forma de um losango.

Ao encerrar seus estudos, o professor Carlos Augusto Perandréa — na época professor do Departamento de Patologia Aplicada, Legislação e Deontologia da Universidade Estadual de Londrina — se converteu ao espiritismo.

O que afirma a ciência sobre essa comunicação entre vivos e mortos? Como explicar a psicografia, escrita dos "espíritos" realizada através dos médiuns?

De acordo com obras básicas da doutrina espírita como *O livro dos espíritos* e *O livro dos médiuns*, de Allan Kardec, o médium é um intermediário, uma antena capaz de captar e transmitir as comunicações do além. "Sintonia" é palavra-chave neste processo. Em *O livro dos médiuns,* Kardec classifica a chamada "captação mediúnica" em três categorias:

Mediunidade mecânica — o espírito atua diretamente sobre a mão do médium e lhe dá uma impulsão independente da vontade do psicógrafo. É a escrita inconsciente, definida pelo próprio Kardec como "preciosa", por afastar qualquer dúvida sobre o teor da mensagem.

Mediunidade intuitiva — o espírito atua sobre a alma do médium. Sob este impulso, a alma dirige a mão e esta move o lápis. O médium, nesse caso, tem consciência do que escreve. É o chamado médium intuitivo.

Mediunidade semimecânica — o médium sente sua mão ser impulsionada por uma força invisível e, ao mesmo tempo, tem consciência do que escreve, enquanto as palavras se formam. Esta é, segundo Kardec, a mediunidade mais comum.

Aos 33 anos, quando ainda morava em Pedro Leopoldo, sua cidade natal, Chico pôs no papel um texto intrigante sobre o assunto, assinado pelo "espírito" de André Luiz.

Segundo André Luiz, todo centro glandular é uma potência elétrica e — no exercício mediúnico de qualquer modalidade — a epífise, ou glândula pineal ("corpúsculo oval situado no cérebro, por cima e atrás das camadas ópticas", segundo o dicionário Aurélio), tem um papel fundamental.

"É nela, na epífise, que reside o sentido novo dos homens", afirma o texto, intitulado "O psicógrafo", primeiro capítulo do livro *Missionários da luz.*

Durante as sessões de psicografia, a glândula pineal do médium exibiria, segundo o "autor espiritual", luminosidade cada vez mais intensa.

No livro, André Luiz assume o ponto de vista do espírito para relatar, da outra dimensão, o momento em que um espírito se aproxima do médium para transmitir sua mensagem:

> *Enlaçou-o com o braço esquerdo e, alçando a mão até o cérebro do rapaz, tocava-lhe o centro da memória com a ponta dos dedos, como*

a recolher o material de lembranças do companheiro. Pouco a pouco, vi que a luz mental do comunicante se misturava às irradiações do trabalhador encarnado. A zona motora do médium adquiriu outra cor e outra luminosidade. Alexandre [o coordenador destes serviços] *aproximou-se da dupla em serviço* [o espírito e o médium] *e colocou a destra sobre o lobo frontal do colaborador humano, como a controlar as fibras inibidoras, evitando, quanto possível, as interferências do aparelho mediúnico.*

Ficção-científica?

Chico Xavier dizia, na década de 1970, que, um dia, a física quântica e o espiritismo se encontrariam em torno de uma só conclusão: a de que espírito e energia são a mesma coisa.

Este dia estaria chegando?

Em busca de respostas, decidi investigar esse território misterioso e controvertido onde vivos e mortos se encontram. Um universo marcado por fé, esperança e desconfiança também.

O que é, afinal, a psicografia? Como ela se processa? A vida depois da morte pode ser comprovada pela ciência?

Nas palestras e entrevistas pelo país, enquanto eu lançava a biografia *As vidas de Chico Xavier*, perguntas como estas se repetiam e eu, muitas vezes, me sentia despreparado para dar explicações mais consistentes — científicas ou doutrinárias — sobre o tema.

Depois de reconstituir a trajetória de Chico Xavier, mergulho agora num dos enigmas mais intrigantes e polêmicos de sua biografia: o intercâmbio com o outro mundo, o universo "por trás do véu de Ísis", como define uma das mensagens psicografadas por Chico na década de 1930. Um véu que, segundo a mitologia egípcia, separa o mortal do imortal, o profano do sagrado.

A investigação começa agora.

Parte I
Chico Xavier

Ao longo de 74 anos de mediunidade, Chico Xavier foi perseguido, investigado, insultado e humilhado até se tornar um ídolo popular. Nesta primeira parte da pesquisa, vamos reconstituir duas investigações feitas sobre a psicografia do médium. A primeira foi conduzida por um repórter do jornal O Globo, *Clementino de Alencar, em 1935. A segunda investigação foi realizada por uma equipe de pesquisadores espíritas, liderada por Paulo Rossi Severino, que analisou as chamadas mensagens particulares: cartas dos mortos para as famílias na Terra. O desafio, nessas duas "inquisições", era o mesmo: buscar evidências da autenticidade da comunicação entre vivos e mortos e obter provas da sobrevivência do espírito. Os resultados dessas investigações, vamos descobrir a partir de agora.*

"O telefone só toca de lá para cá"

O psicógrafo Celso de Almeida Afonso, de Uberaba, costuma repetir uma frase quando se compara com o mestre Chico Xavier:

— Sou só um radinho de pilha. O Chico era a Embratel.

Quando perguntei a ele, numa de nossas conversas logo depois da morte de Chico, se nunca alimentou a esperança de ser uma espécie de sucessor do médium na tarefa de psicografar mensagens de mortos para suas famílias, Celso respondeu bem-humorado:

— Querer eu até já quis, quando era jovem, mas sem ter de abrir mão da minha privacidade, da minha família. Querer é uma coisa, mas poder...

— Morre um capim, nasce outro — era esta a resposta de Chico quando questionado sobre um possível sucessor.

Hoje, no Grupo Espírita da Prece, centro fundado por ele em Uberaba, nenhum psicógrafo transmite mensagens de mortos para suas famílias. Uma tarefa que o próprio Chico só passou a desempenhar com assiduidade em sessões públicas em 1967, depois de completar quarenta anos de mediunidade.

Chico definia o médium como uma antena psíquica, um instrumento a serviço dos espíritos, cuja manutenção exigia cuidados redobrados para atingir a sintonia mais fina e mais precisa, com o mínimo de interferências. Vaidade, ambição, orgulho seriam barreiras nessa comunicação entre os dois planos: o físico e o espiritual.

A psicografia de mensagens particulares — Chico ensinava aos discípulos — devia ser acompanhada por um sentido de vigilância e disciplina permanentes do médium, para evitar enganos provocados pela auto-sugestão ou pelo desejo de atender às expectativas de pais destruídos pela perda de filhos — famílias muitas vezes ávidas por fornecer ao médium o máximo de informações sobre seu drama na esperança de receber, em troca, uma mensagem.

Chico tomava cuidado para não ser levado a essas parcerias inconscientes e não se tornar "psicógrafo" de redações ditadas ou encomendadas, inconscientemente, pelas famílias em busca de notícias dos entes queridos e de evidências da sobrevivência deles em outro plano.

— O telefone só toca de lá para cá — Chico repetia sem cessar.

Muitas vezes, o médium abraçava os pais em desespero e chorava junto com eles. Em seguida, dava a receita capaz de aliviar a saudade e o sofrimento: trabalho em favor do outro.

— Ajuda e você vai estar se ajudando — dizia. — O trabalho engrosssa o fio da vida.

Cada mensagem psicografada cumpria, e cumpre, duas missões básicas: atenuar a dor das famílias e difundir lições fundamentais da doutrina espírita.

Lição número 1: a morte não existe, o espírito é imortal e evolui através dos tempos. A morte é uma libertação.

Lição número 2: é preciso aceitar as dores e obstáculos da vida. Tragédias brutais como a perda prematura de entes queridos são resgates e já estavam programadas antes de nosso renascimento. São compromissos assumidos por nós antes da reencarnação.

Lição número 3: quanto mais a família sofre e se desespera na Terra, pior o espírito se sente na outra dimensão. Os elos entre quem fica e quem parte se mantêm e o sofrimento das famílias, muitas vezes marcado por revolta e culpa, só prejudica a recuperação de quem renasce no outro plano.

Mas e a saudade? A dor de saber que aquele filho nunca mais vai abrir a porta de casa e gritar: "Cheguei"?

Mãos trêmulas, lágrimas nos olhos, corpos moídos e rostos franzidos pela dor fazem parte da rotina dos centros espíritas, onde famílias se encontram à procura de notícias do mundo de lá.

Atormentado por sucessivas crises de angina e de pneumonia, Chico convivia com essa dor todos os dias. Uma dor às vezes acompanhada de revolta ou incredulidade. Em pelo menos quatro ocasiões, Chico viu pais rasgarem, diante de seus olhos, mensagens psicografadas por ele, por não reconhecerem nas cartas o estilo dos filhos mortos e duvidarem do conteúdo dos textos.

— Deus é quem sabe — Chico dizia e seguia em frente.

Sua missão era divulgar o espiritismo de Jesus e de Kardec e difundir a prática da caridade no Brasil. Movido por essa convicção, ele abriu mão de dinheiro, conforto e do sonho de constituir a própria família para se tornar um intermediário entre vivos e mortos.

Assombrado por visões e vozes misteriosas desde os cinco anos, assediado por visitantes e curiosos de todo o país e do exterior, ele vivia, permanentemente, em dois planos: o físico e o invisível.

Era um "ser interexistente", segundo definiu o professor Herculano Pires num dos ensaios escritos sobre o médium: alguém capaz de existir no "aqui e no agora", como homem no mundo, e no além, como "homem fora do mundo". Alguém capaz de experimentar, ao mesmo tempo, duas vidas: "a de vigília e a hipnótica".

Esquizofrenia? Fraude? Auto-sugestão?

Um iluminado?

— Sou apenas uma tomada entre dois mundos — Chico respondia.

Ao longo de 92 anos de vida — 74 deles dedicados à psicografia —, o homem de origem pobre, mulato, filho de pais analfabetos, nascido no interior de Minas Gerais, escreveu 412 livros, vendeu mais de 20 milhões de exemplares e doou toda a renda, em cartório, a instituições beneficentes.

— Os livros não me pertencem. Eu não escrevi livro nenhum. "Eles" escreveram — Chico repetiu ao longo da vida até morrer, no dia 30 de junho de 2002, na cama estreita do quarto da casa onde morava com o máximo de simplicidade em Uberaba.

— Graças a Deus aprendi a viver apenas com o necessário — dizia.

Sua casa foi transformada em museu pelo filho adotivo Eurípedes Higino de Reis e está aberta à visitação. Na porta do seu quarto, está pendurado um bilhete escrito por ele aos espíritos em 1996. Um pedido de desculpas por um transtorno imprevisível:

AVISO

Se algum amigo espiritual porventura estiver determinado a me proporcionar a alegria de uma visita, aviso que estarei nesta noite, somente hoje, no quarto à esquerda, onde estarei com a satisfação de receber. A mudança do meu dormitório foi necessária a fim de se promover consertos no sistema de água. Amanhã já voltarei ao meu próprio aposento.
Jesus nos abençoe como sempre.
Muito grato,

Chico Xavier,
Hoje, 22/10/96.

Um P. S. encerra o bilhete: "as portas estão apenas cerradas".

A vida de Chico é a história de uma construção. Ao contrário do que muitos pensam — os mais devotos —, Chico não nasceu "iluminado" em Pedro Leopoldo, no dia 2 de abril de 1910. Essa luz foi se construindo aos poucos, em meio a sombras e curto-circuitos, sob a tutela de um guia espiritual, Emmanuel.

Esse mentor é figura-chave na vida de Chico desde que apareceu para ele na beira de um açude em Pedro Leopoldo, em 1931.

A primeira imagem do guia vista por Chico foi a de uma cruz luminosa. O rapaz precisou franzir os olhos para perceber, entre os raios, a poucos metros, a figura de um senhor imponente, vestido com a túnica típica de sacerdotes.

O recém-chegado foi direto ao assunto:

— Está mesmo disposto a trabalhar na mediunidade?

— Sim, se os bons espíritos não me abandonarem.

Aos 21 anos, Chico começaria a entrar na sua maioridade espiritual, depois de ser apontado como louco e "mal-assombrado" por amigos e parentes e de causar sensação nos círculos mais íntimos ao colocar no papel, de olhos fechados, desde os dezessete anos, mensagens vindas de "outras dimensões".

Com a ajuda de Emmanuel, ele entenderia melhor sua missão.

— Você não será desamparado — garantiu o guia nessa primeira conversa. — Mas é preciso trabalhar, estudar e se esforçar no bem.

Para se dedicar à mediunidade, Chico deveria respeitar, segundo Emmanuel, três pontos básicos: disciplina, disciplina, disciplina.

A primeira meta: "trinta livros para começar".

Palavras de Emmanuel.

Foi assim, segundo Chico, que tudo começou.

Ele deveria pôr no papel as palavras dos mortos e divulgar, por meio do livro, a doutrina dos espíritos. Naquele dia, o ex-aluno do Grupo São José, onde cursou até o quarto ano primário, ganhou de presente um professor particular constante e rigoroso.

O primeiro livro da série foi publicado pouco depois desse encontro na beira da represa. Uma coletânea de 60 poemas intitulada *Parnaso de além-túmulo*. O livro era quase um sacrilégio ao arrancar da sepultura catorze poetas tão célebres quanto mortos. Eram eles — e não Chico — que assinavam os versos: Bilac, Cruz e Souza, Pedro II, Antero de Quental, Carmem Cinira...

Donde venho? Das eras remotíssimas,
Das substâncas elementaríssimas,

Emergindo das cósmicas matérias.
Venho dos invisíveis protozoários,
Da confusão dos seres embrionários,
Das células primevas, das bactérias.

Palavras de Augusto dos Anjos, enterrado em 1914, aos trinta anos. Dezoito anos depois do velório, ele voltava à tona. Castro Alves também dava o ar de sua graça, grandiloqüente como sempre:

É a dor que através dos anos,
Dos algozes, dos tiranos,
Anjos puríssimos faz,
Transformando os Neros rudes
Em arautos de virtudes,
Em mensageiros da paz

Publicado pela Federação Espírita Brasileira, o livro logo se transformou num escândalo.

A introdução da primeira edição da coletânea incluiu um texto de Francisco Cândido Xavier (o único assinado por ele no livro), intitulado "Palavras minhas", uma espécie de carta de apresentação do médium de 21 anos, filho do vendedor de bilhetes de loteria João Cândido Xavier e órfão, desde os cinco anos, da mãe católica Maria João de Deus. Um matuto de poucos estudos e muito trabalho para ajudar na criação dos catorze irmãos dos dois casamentos do pai.

Com nove anos, Chico já trabalhava como tecelão. Entrava na fábrica de tecidos às três da tarde, saía à uma da manhã, dormia até as seis, ia para a escola, saía às onze, almoçava, dormia uma hora depois do almoço, entrava de novo na fábrica.

Em 140 linhas, Chico descreveu esse "ambiente sobrecarregado de trabalhos para angariar o pão cotidiano, onde não se pode pensar em letras" e fez questão de descartar a intenção de "fazer um nome": "A dor há muito me convenceu da inutilidade das bagatelas que são ainda estimadas neste mundo".

No auto-retrato, o jovem de 21 anos admitia seu "pronunciado pendor literário" e reclamava da falta de tempo para os estudos e da ausência de apoio da família: "Nunca pude aprender senão alguns rudimentos de aritmética, história e vernáculo".

Mas, afinal, os poemas publicados eram mesmo de autoria dos poetas que os assinavam? Nem Chico, nesses parágrafos autobiográficos, garantiu a autenticidade das assinaturas.

> *Em consciência não posso dizer que eles são meus porque não despendi nenhum esforço intelectual ao grafá-los no papel.*

Antes da aparição de Emmanuel, quando ainda escrevia textos sem assinatura, Chico sentia uma pressão na cabeça — como se um cinto de chumbo comprimisse seu cérebro — e um peso no braço direito, como se ele se transformasse numa barra de ferro e fosse arrastado por forças poderosas.

Com o tempo e com o trabalho, ele se livrou da pressão alucinada no cérebro e do enrijecimento doloroso no braço. Aos 21 anos, já tinha aprendido a se entregar, a não criar resistência.

Às vezes, um volume imaterial aparecia diante de seus olhos e era dali, daquelas páginas invisíveis, que Chico copiava os textos do além. Em outros momentos, escrevia como se alguém lhe ditasse as mensagens e, enquanto colocava as palavras no papel, experimentava no braço a sensação de fluidos elétricos e, no cérebro, vibrações indefiníveis. De vez em quando, esse estado atingia o auge e Chico perdia a sensação do próprio corpo.

Como explicar esses fenômenos?

O texto assinado por Chico, publicado na primeira edição do *Parnaso de além-túmulo*, ao lado de uma foto do autor enfiado numa gravata-borboleta, terminava com um recado quase profético do escritor a todos os leitores.

> *Em alguns despertarei sentimentos de piedade e, noutros, risinhos ridicularizadores. Há de haver, porém, alguém que encontre consolação nestas páginas humildes. Um desses que haja, entre mil dos primeiros, e dou-me por compensado do meu trabalho.*

Muito mais do que uma obra literária, *Parnaso de além-túmulo* poderia ser lido como um embuste — imitação dos diferentes estilos dos poetas mortos — ou como uma prova da sobrevivência do espírito.

E foi assim, das duas maneiras, que um dos jornalistas e escritores mais respeitados da época avaliou o livro publicado pelo matuto de Pedro Leopoldo. No dia 10 de julho de 1932, o jornal *Diário Carioca* estampou na primeira página o artigo "Poetas do outro mundo", assinado por Humberto de Campos, integrante da Academia Brasileira de Letras. O veredicto dele:

> *Eu faltaria ao que me é imposto pela consciência, se não confessasse que, fazendo versos pela pena do sr. Francisco Cândido Xavier, os poetas de que ele é intérprete apresentam as mesmas características de inspiração e de expressão que os identificaram neste planeta. Os temas abordados são os que os preocupavam em vida. O gosto é o mesmo. E o verso obedece, ordinariamente, à mesma pauta musical.*
>
> *Frouxo e ingênuo em Casimiro, largo e sonoro em Castro Alves, sarcástico e variado em Junqueiro, fúnebre e grave em Antero, filosófico e profundo em Augusto dos Anjos* [...]
>
> *Sente-se, ao ler cada um dos autores que veio do outro mundo para cantar neste instante, a inclinação do senhor Francisco Cândido Xavier para escrever a* la manière *de ou para traduzir o que aqueles altos espíritos soprarem ao seu ouvido.*

Com bom humor, Humberto de Campos, autor de *best-sellers* da década de 1930 como *Sombras que sofrem*, aproveitou também para protestar contra a concorrência do além:

> *Se eles voltam a nos fazer concorrência com seus versos perante o público e, sobretudo, perante os editores, dispensando-lhes o pagamento dos direitos autorais, que destino terão os vivos que lutam hoje com tantas e tão poderosas dificuldades?*

No dia 5 de dezembro de 1934, Humberto de Campos morreu. Três meses depois, Chico fechou os olhos e pôs no papel um texto assinado pelo imortal: "A palavra dos mortos". Nesse artigo, Humberto, ex-deputado federal, se apresentava como uma testemunha do "trabalho intenso das coletividades invisíveis pelo progresso humano".

Nem parecia aquele acadêmico capaz de desafiar os poetas mortos a competir com os vivos de igual para igual, "reencarnados". Do outro lado, ele tratava de defender as mensagens dos espíritos como "um consolo aos tristes e uma esperança aos desafortunados".

O artigo virou introdução do livro *Palavras do infinito*, de Chico Xavier, uma coletânea de crônicas assinadas por Humberto de Campos e por outros mortos ilustres.

As crônicas póstumas do jornalista chamaram a atenção dos colegas de redação vivos... e desconfiados.

Um deles, Clementino de Alencar, decidiu sair do Rio de Janeiro para conhecer de perto o fenômeno mineiro. Correspondente do jornal *O Globo*, ele desembarcou em Pedro Leopoldo em 23 de abril de 1935 decidido a investigar e, se possível, desmascarar o matuto que ousava ser "porta-voz" do renomado Humberto de Campos.

Quem era Chico Xavier?

O caixeirinho de Pedro Leopoldo

Chico Xavier tinha acabado de completar 25 anos e trabalhava como caixeiro na venda do padrinho, José Felizardo Sobrinho. Localizado a 35 quilômetros de Belo Horizonte, Pedro Leopoldo era um povoado com pouco mais de 5 mil habitantes, onde a igreja despontava como cenário central.

As sessões espíritas conduzidas pelo caixeiro aconteciam na casa simples de seu irmão, José Cândido, dono de uma pequena oficina de seleiro, sempre às quartas e sextas-feiras.

Clementino chegou de surpresa na cidade numa terça-feira, acompanhado por um fotógrafo do jornal, e buscou as primeiras informações sobre Chico na casa de Maurício Azevedo, responsável pela coletoria — cobrança de impostos — na cidade.

Maurício admitiu não ter qualquer ligação com o espiritismo, mas confessou ficar "intrigado" com Chico. "É um caso bem interessante este", disse e, em seguida, deu uma boa notícia ao visitante:

— Vou convidar o homem a vir aqui agora mesmo.

Um garoto partiu correndo para fazer o convite e, minutos depois, uma cabeça — "quase risonha, quase assustada" — surgiu à porta.

— Pronto, doutor.

— Entre, Chico.

O caixeiro não trazia chapéu nem gravata — hábitos daquele tempo — e exibia nas suas roupas, segundo relato de Clementino, um "atestado de pobreza". Baixo, compleição forte, caboclo. Expressão de estranha humildade e doçura. Sorriso leve, ar de ingenuidade no rosto.

Eram estas as primeiras impressões do repórter: "Lá longe, na cidade grande, diriam dele: 'Um bobo!'", escreveu na primeira reportagem da série.

— Desculpem ter eu vindo nestes trajes. Estava trabalhando. A vida tem que ser assim. Trabalhar — cumprimentou o recém-chegado.

O coletor apresentou o jornalista do Rio e Chico tentou convencer o repórter a desistir da matéria.

— Sou um pobre rapaz do mato. Não convém tanta notícia não. Deixem-me assim mesmo na obscuridade...

Clementino falou sobre a repercussão do *Parnaso de além-túmulo* na capital e do efeito provocado pelos textos assinados pelo colega Humberto de Campos, através de Chico, depois de morto.

— Os jornais falam, depois toda gente por aí começa a discutir, não me deixam mais tranqüilo no meu canto... — Chico continuou a protestar.

Mas era inevitável.

Chico já era notícia... e era caixeiro de venda também e precisava voltar para trás do balcão onde ficaria até as oito horas da noite. Antes de se despedir e retomar o trabalho, Chico combinou de se encontrar com o repórter em casa no fim do expediente e foi além: prometeu encaminhar a Clementino, no hotel, a pasta de papelão onde arquivava todos os escritos do "além-túmulo".

A primeira reportagem da série foi publicada na primeira página de *O Globo*, no dia 1º de maio de 1935, sob o título "Frente a frente com Francisco Cândido Xavier, o homem que afirma receber as crônicas de Humberto de Campos".

A primeira foto estampada no jornal exibia um *close* de Chico, expressão séria, olhar fixo para a câmera, cabelos curtos e crespos. No olho esquerdo, o brilho opaco da catarata que o atormentaria durante toda a vida, desde 1931, quando começou a sentir "grãos de areia" arranharem sua retina.

Com o tempo, as dores da doença aumentariam, Chico pediria socorro a Emmanuel e ouviria dele a resposta mais dura:

— Sua condição de médium não exonera você da necessidade de lutar e sofrer, em seu próprio benefício, como acontece às outras criaturas. Se nem Cristo teve privilégios, por que você os teria?

Chico deveria carregar suas cruzes sem resmungos, como um dublê de Jesus. O fato de psicografar, em sessões públicas, receitas transmitidas por um "médico do além", doutor Bezerra de Menezes, não garantiria a ele nenhuma cura espiritual.

Em pouco tempo, Chico definiria a "enfermidade" como a "melhor enfermeira", agradeceria a Deus por suas dores e abençoaria o sofrimento como forma de evolução, uma maneira de resgatar dívidas de encarnações anteriores e de compensar escorregões da temporada atual.

Doação, aceitação, sentido de missão. Três "dons" que Chico deveria exercitar à exaustão, todos os dias, sem reclamar e sem — nunca, em hipótese alguma — obter qualquer vantagem financeira. Mediunidade e dinheiro, repetia Emmanuel, eram incompatíveis.

Quando Clementino desembarcou em Pedro Leopoldo, o médium dava os primeiros passos nesse terreno movediço e sofria com as cobranças do pai, inconformado com a recusa do filho de ganhar alguns tostões a mais com os visitantes que não paravam de chegar em busca de orientações do outro mundo.

— Se cada um trouxesse pelo menos uma galinha pra gente... — lamentava João Cândido Xavier.

O galinheiro no quintal vivia às moscas.

Era este universo — muito mais desconhecido do que hoje — que Clementino de Alencar começava a investigar num Brasil

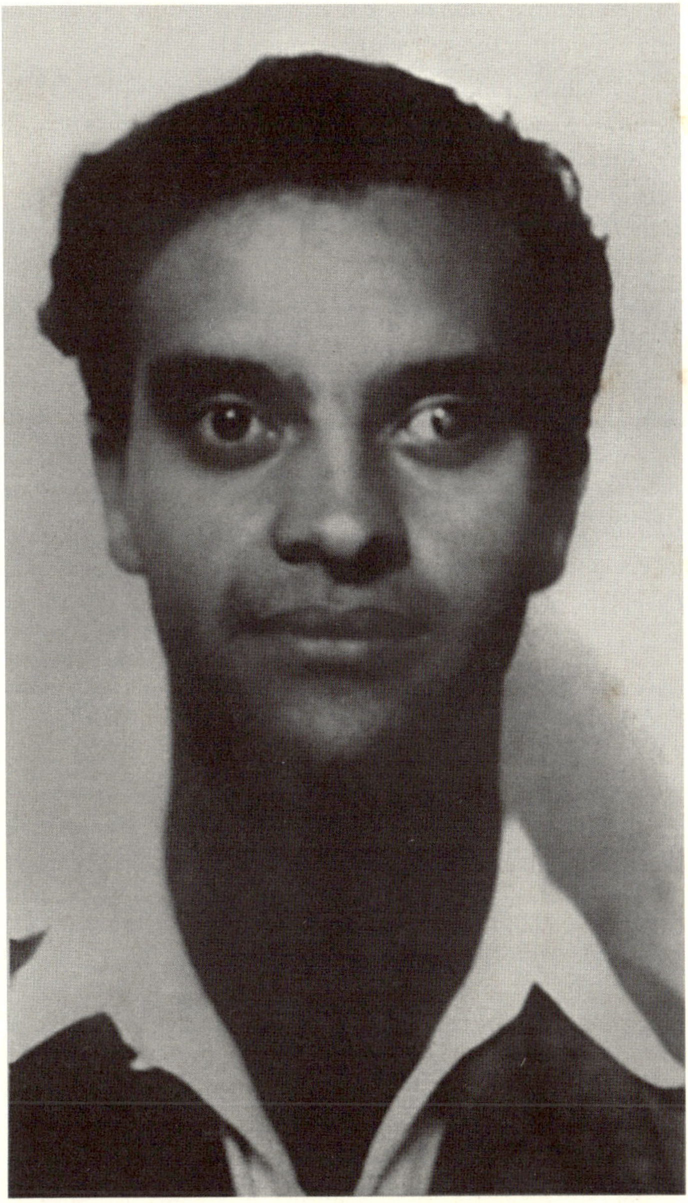

Foto de Chico Xavier publicada na primeira reportagem da série de *O Globo*: no olho esquerdo, a catarata que atormentaria o médium ao longo de toda a vida.

católico, apostólico, romano, em que espiritismo era visto como feitiçaria e esconjurado por muitos como blasfêmia.

A pasta de papelão, com os escritos do jovem médium mineiro — uma farsa? —, chegou às mãos do repórter pouco depois da primeira conversa com Chico. Recolhido ao seu quarto de hotel, Clementino sentiu o coração disparar enquanto manuseava as "mensagens de além-túmulo".

> *Nossos olhos correm, a um tempo curiosos e ansiosos, sobre aquelas páginas incríveis que o caixeiro bisonho e humilde afirma ter recebido em transe do mundo das sombras invisíveis que ficam para lá dos limites das nossas percepções normais.*

A foto publicada na segunda reportagem da série mostra Chico Xavier em ação na venda do Zé Felizardo Sobrinho. Atrás do balcão, ele pesa grãos numa balança, acompanhado pelo patrão e por três crianças interessadas em aparecer no jornal do Rio.

> *É noite. À Terra volvo. E, lúcido, entro*
> *Em relação com o mundo onde concentro*
> *O espírito na queixa atordoadora*
> *Da prisioneira, da perpétua grade,*
> *A misérrima e pobre Humanidade,*
> *Aterradoramente sofredora.*

Pelas mãos do caixeiro que pesava arroz na venda da esquina, o poeta Augusto dos Anjos afirmava "auscultar a humana dor" e o que ele escutava não era nada empolgante: "os uivos dos instintos jamais fartos, as dores espasmódicas dos partos, a desgraça dos úteros falidos".

Um dos textos mais impressionantes da pasta tinha a assinatura de Emmanuel, o guia espiritual de Chico.

Clementino leu e releu a explicação sobre o "modos operandi" (palavras de Emmanuel) dos espíritos e sobre como eles atuariam sobre o "médium".

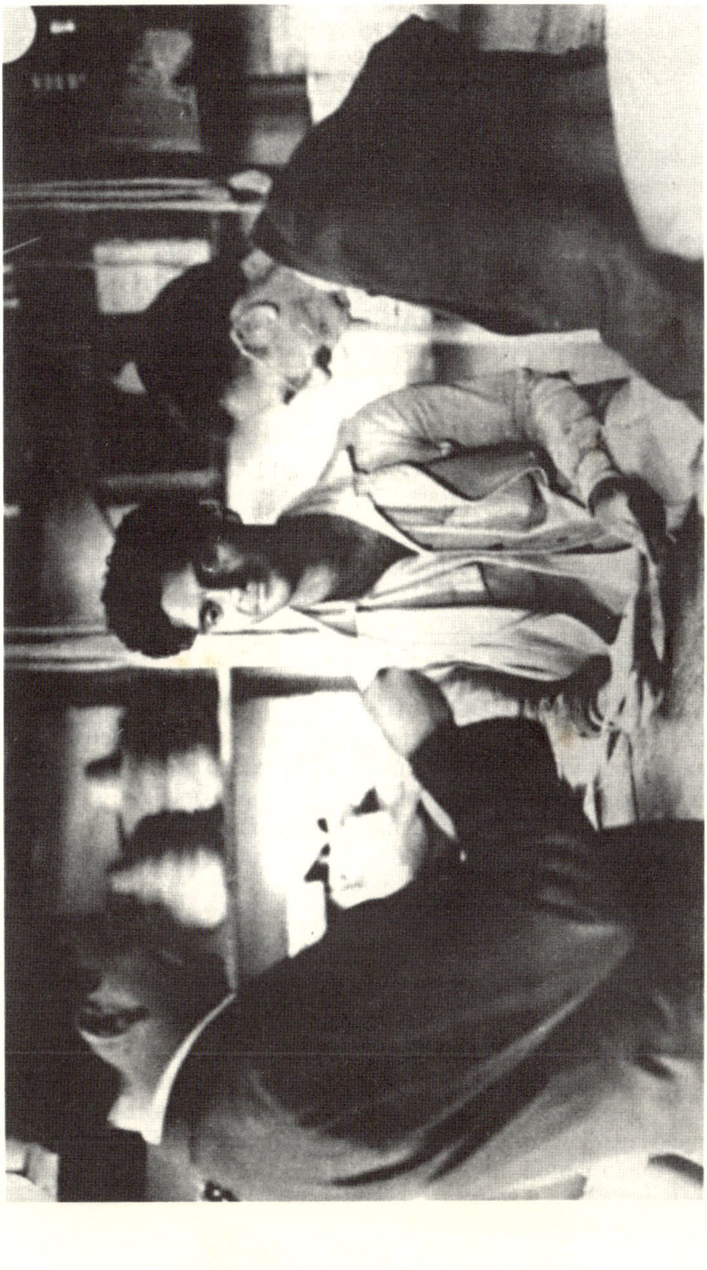

O repórter de *O Globo*, Clementino de Alencar, com Chico Xavier e José Felizardo Sobrinho em 1935: primeira investigação jornalística sobre o médium mineiro.

Chico, ao lado do padrinho José Felizardo Sobrinho, no armazém onde trabalhava na cidade natal, Pedro Leopoldo: "caixeirinho bisonho", segundo Clementino.

Enviam aos homens a sua mensagem luminosa dos cimos resplandecentes em que se encontram e, formulando o desejo de ação nos planos da materialidade, a sua vontade superior atua imediatamente sobre o cérebro visado, o que se encontra em afinidade com as suas vibrações e através de forças teledinâmicas, as quais podeis vagamente avaliar com os fluidos elétricos, cuja utilização encetais na face do vosso mundo, influenciam sobre a natureza do sensitivo, afetando-lhe o sensório, atuando sobre os seus centros ópticos e aparelhos auditivos, desaparecendo perfeitamente as distâncias que se não medem; na alma do "sujet" começa então a se operar a série de fenômenos alucinatórios sob a atuação consciente do espírito que o guia dos planos intangíveis.

Depois de mergulhar nessa literatura fantástica, Clementino foi à casa onde Chico morava com irmãos e irmãs — quase todos menores —, uma "residência tão pequena e tão pobre no seu mobiliário que ali se não podem realizar as reuniões espíritas".

Chegou às oito horas em ponto e, como bom jornalista, passou a conjugar um dos verbos mais importantes da reportagem investigativa: desconfiar. Sua maior preocupação era checar os títulos reunidos na biblioteca de Chico Xavier.

A biblioteca — "o termo torna-se até um pouco impróprio", escreveu Clementino — era um amontado de revistas e jornais velhos, alguns espíritas, outros leigos, almanaques Bertrand e obras básicas da doutrina espírita como *O Evangelho segundo o espiritismo*, de Allan Kardec, e *Depois da morte*, de Léon Denis.

Não. Não havia nas prateleiras nenhum livro dos escritores e poetas ressuscitados em *Parnaso de além-túmulo* e na pasta de papelão de Chico Xavier. O caixeiro de Pedro Leopoldo garantiu ao repórter ter lido uma ou outra página esparsa de alguns deles, encontradas nas revistas, jornais e almanaques da época.

— E os textos de Humberto de Campos, você já leu? — Clementino perguntou, especialmente interessado nessa parceria improvável entre o "caixeiro bisonho" de Pedro Leopoldo e o acadêmico do Rio de Janeiro.

Chico confirmou: já tinha lido crônicas de Humberto encontradas naqueles jornais amontoados em casa.

— E os livros?

— Ainda não. Um amigo prometeu me mandar dois volumes.

Enquanto Clementino fazia anotações no seu bloco, Chico retirava de dentro de outra pasta de papelão o artigo escrito por Humberto de Campos sobre *Parnaso de além-túmulo*, publicado no *Diário Carioca* e republicado em outros jornais do país.

Clementino não conhecia o texto e, perplexo, o copiou inteiro.

Juntos, a sós, na sala de piso ladrilhado, o repórter do Rio de Janeiro e o matuto de Pedro Leopoldo tiveram a primeira conversa longa sobre os mistérios da mediunidade e a iniciação de Chico nesse universo.

A infância católica, as primeiras vozes e visões, os sonhos...

Desde menino, ele tinha a impressão de carregar "algo muito estranho" dentro dele. De vez em quando, era atormentado por lembranças de fatos ocorridos há muito tempo, "antes desta existência".

— Reza — o padre receitava ao menino enquanto ouvia seus desabafos e pedidos de socorro.

Aos dezessete anos, enquanto acompanhava uma procissão, Chico implorou à Virgem:

— Curai-me. Minha cabeça não parece minha.

Clementino voltou no tempo com Chico e, pela primeira vez, usou no seu texto, sem aspas nem itálico, o verbo psicografar.

Na noite seguinte, o repórter acompanharia, pela primeira vez, ao vivo, a prática desta comunicação misteriosa.

Os fatos testemunhados por Clementino seriam tão impressionantes que o levariam a prolongar a estada em Pedro Leopoldo por dois meses.

Como explicar o fenômeno? Existe vida depois da morte?

Os mortos vão falar

Dia 25 de abril de 1935.

Dois dias depois de sua chegada à cidade mineira, Clementino de Alencar deixou o hotel às sete e meia da noite para enfrentar o que definiu como "a fase mais decisiva" da série de reportagens sobre Chico Xavier.

Naquela noite, ele iria testemunhar a primeira sessão espírita de sua vida. Na casa do irmão José Xavier, o caixeiro da venda de Zé Felizardo se transformaria em porta-voz dos mortos na Terra.

Clementino deixou o hotel acompanhado pelo promotor da comarca, Washington Floriano de Albuquerque, e, no caminho, se encontrou com um engenheiro da Central do Brasil, Andrade Pinto.

Enquanto caminhava rumo à sessão, o engenheiro sugeriu aos companheiros uma medida para afastar o risco de fraude durante a sessão:

— Vamos propor que as páginas grafadas pelo médium sejam rubricadas antes por alguns dos presentes?

Estas rubricas evitariam que as páginas psicografadas na reunião pública fossem substituídas por outras preenchidas antes da sessão. O próprio engenheiro assumiu o compromisso de ser porta-voz dessa exigência dos descrentes, quando o trabalho da noite estivesse iniciado.

Pouco depois, os três entraram na casa simples do seleiro José Xavier, já repleta de curiosos. Entre os presentes, estavam moradores ilustres de Pedro Leopoldo: o prefeito, um juiz, um promotor, médicos, advogados, o coletor federal e "inclusive senhoritas da localidade".

— A casa já está cheia de vivos — comentou um deles. — Faltam agora os mortos.

Faltava também Chico Xavier, às voltas ainda com suas tarefas de caixeiro no armazém do padrinho.

Na sala lotada, já não cabia ninguém. Até mesmo o arreio inacabado na banqueta do seleiro serviu de cadeira para um dos espectadores da sessão da noite, a primeira testemunhada pelo ilustre repórter do jornal da capital.

"Temos ali gente em pé, sentada, acocorada e montada", registrou Clementino em seu bloco de anotações.

Às oito e vinte, Chico Xavier chegou pedindo mil desculpas pelo atraso. Clementino anotou:

> *É a mesma simplicidade de sempre, com o mesmo sorriso bom e ingênuo, as mesmas calças remendadas. O mesmo caixeirinho humilde de seu "Zé Felizardo".*

Chico se sentou à mesa, acompanhado pelo grupo que "formava a corrente", e José Cândido, presidente da sessão, fez o primeiro pedido aos presentes:

— Quem estiver armado deve se desfazer de suas armas durante a sessão...

Nenhuma arma foi entregue ao dono da casa.

Em seguida, José Cândido pediu a todos calma, silêncio, concentração e convidou o repórter a se sentar no lado oposto da mesa, coberta com uma toalha branca.

No centro da mesa, diante do médium, foram colocados dois copos de água e um bloco de papel.

Tudo pronto. O presidente abriu o livro de preces e fez sua invocação a Jesus, à Virgem, ao patrono do centro, Luiz Gonzaga, e aos Amigos do Espaço.

— Em nome de Deus, estão abertos os trabalhos, como, de fato, abertos estão.

As cabeças se inclinaram sobre a mesa. Prece, silêncio.

O repórter de *O Globo* foi tomado por sensações inéditas, descritas por ele na terceira pessoa do singular.

> *Sente então o repórter que uma vaga emoção lhe aquece a fronte, afina-lhe os nervos, apalpa-lhe o coração.*
> *O observador abstrato personaliza-se, humaniza-se no alvoroço de sensações.*

Silêncio. Os mortos vão falar.

Os olhos na sala acanhada já não se cruzavam, os pensamentos se voltavam todos para a mesma direção: Chico Xavier.

Clementino abandonou de vez a objetividade ao registrar suas emoções.

> *A Vida lança, no silêncio, sua ampla rede perceptora e queda-se, muda e atenta, diante da morte.*
> *Eu — poeira de migalha arrastada no turbilhão das incertezas eternas — escancaro os meus olhos de dúvida para o pórtico das sombras insondáveis e dos esquivos segredos…*

O "silêncio profundo" na casa de José Xavier durou três ou quatro minutos pelas contas de Clementino.

Nesse meio-tempo, o repórter conseguiu controlar a emoção e retomar sua posição de observador. "Ponho um olhar furtivo no médium", ele escreve.

> *Sua cabeça pende um pouco para frente. Ligeira palidez acentua-lhe o moreno do rosto e, sob as pálpebras semi-cerradas, percebem-se-lhe*

> *os olhos imóveis. A mão inerte, armada de lápis, descansa sobre o papel. No rosto, como de cera, apagou-se o sorriso, já não há uma expressão.*

De repente, o repórter percebeu em Chico uma "ligeira palpitação". Seus lábios se abriram, num sopro, e deixaram escapar a seguinte frase:

— Emmanuel diz que podem rubricar as folhas.

Era uma resposta a uma exigência que ainda nem tinha sido feita.

Clementino procurou com os olhos o engenheiro Andrade Pinto e o promotor Washington Floriano e encontrou neles "leves expressões de surpresa".

José Cândido estendeu ao repórter o bloco de folhas virgens e Clementino rubricou o alto de cada página antes de passar o maço para o engenheiro e o promotor.

Quando o bloco voltou ao médium, devidamente rubricado, seu rosto e seus olhos se imobilizaram na "inexpressão". Um minuto de silêncio e pronto.

A mão de Chico Xavier buscou o alto da primeira folha e passou a deslizar sobre o papel, em velocidade vertiginosa.

> *São versos. De lá, pois, do mundo misterioso e distante das sombras invisíveis, um poeta de outros tempos desceu e canta agora sobre o silêncio das nossas almas.*

Clementino vibrava com o fenômeno. O lápis deslizava, rápido, levado pela "mão calosa do caixeirinho simplório de seu Felizardo".

Ao redor, tudo era silêncio e imobilidade.

Dez minutos — foi quanto durou a corrida do lápis sobre o papel. E este foi só o começo.

A sessão foi retomada instantes depois e as páginas rubricadas passaram a ser preenchidas por prosa.

"Parece que a vertigem aumentou", anotou Clementino. "As páginas se sucedem com rapidez."

Em determinado momento, o repórter conseguiu ler, entre as frases esparsas, uma sentença: "Quanto a mim, digam que eu estava por detrás do véu de Ísis".

Era uma longa mensagem, escrita a jato, e, com o tempo, o repórter perdeu a concentração e ficou perdido, segundo ele, entre a curiosidade e a atenção.

— Concentrem-se, irmãos. A corrente está fraca — pediu José Cândido.

Naquele instante, a mão do "médium" tinha estacado sobre o papel. Um instante só e o lápis retomou sua corrida. A cabeça de Clementino girava.

"Teria sido eu a causa do enfraquecimento? A atenção erradia?", Clementino imaginou, cada vez mais convencido da realidade do fenômeno.

No fim da mensagem, ele seria surpreendido pela assinatura no pé da página: Humberto de Campos.

Ele mesmo.

O repórter de *O Globo* ergueu a mão e fez um sinal a José Cândido. Aquele era o momento decisivo. Clementino tinha perguntas a fazer ao "jornalista do além".

Mas era tarde. O médium deixou cair a cabeça sobre as mãos, exausto.

"Eu perdera a mais sensacional das entrevistas...", lamentou o repórter. Logo após a sessão, Chico atendeu ao pedido dos presentes e leu os textos do além em voz alta.

Foram três os sonetos psicografados nos dez minutos iniciais da sessão pelo caixeirinho do seu Felizardo. Versos assinados por Antero de Quental, Cruz e Souza e Auta de Souza, com grafias diferentes para cada autor. "Grande e redonda nos versos de Quental", "menor um pouco e ainda arredondada nos de Auta de Souza"; e, por fim, "miúda, reta, nervosa, nos versos de Cruz e Souza".

Algumas estrofes:

Crê-se na Morte o Nada, e, todavia,
A Morte é a própria Vida ativa e intensa,

Fim de toda a amargura da descrença,
Onde a grande certeza principia.
[Antero de Quental, "Fatalidade"]

Entre esse mundo de apodrecimento
E a vida de alma livre, de alma pura,
Ainda se encontra a imensidade escura
Das fronteiras de cinza e esquecimento.
[Cruz e Souza, "Felizes os que têm Deus"]

Andam sombras errando abandonadas,
Ao pé das lousas e das covas frias,
Almas de pobres freiras desamadas,
Perambulando pelas sacristias.
[Auta de Souza, "Almas de virgens"]

O longo texto assinado por Humberto de Campos — mais de 110 linhas datilografadas — levou 39 minutos para ser escrito. Nessa crônica, o jornalista narra, com riqueza de detalhes, suas sensações durante a "passagem" deste mundo para o outro. Parece um pouco decepcionado.

> *Ainda não cheguei a encontrar os sóis maravilhosos, as esferas, os mundos cometários, portentos celestes que Flammarion descreveu na sua "Pluralidade dos Mundos". Para o meu espírito, a Lua ainda prossegue na sua carreira como esfinge terna do espaço, embuçada no seu burel de freira morta.*
> *Uma saudade doida e uma ânsia sem-termo fazem um turbilhão no meu cérebro: é a vontade de rever, no reino das sombras, meu pai e minha irmã. Ainda não pude fazê-lo.*

O objetivo dessas "palavras póstumas", ele revela logo nos primeiros parágrafos: "demonstrar o homem desencarnado e a imortalidade dos seus atributos". Um dos trechos de sua correspondência é uma defesa de Chico Xavier.

O fato é que vocês não me viram.
Mas contem lá fora que enxergaram o médium. Não afirmem que ele se parece com o Mahatma Gandhi, pois que lhe falta uma tanga, uma cabra e a experiência do "Leadder" nacionalista da Índia. Mas historiem com sinceridade o caso das suas roupas remendadas e tristes de proletário e da sua pobreza limpa e honesta, que anda por esse mundo arrastando tamancos para remissão de suas faltas nas anteriores encarnações. Quanto a mim, digam que eu estava por detrás do véu de Ísis.

Na mitologia egípcia, o véu da deusa Ísis é a teia que separa morte e vida, o conhecido e o desconhecido, o eterno e o efêmero. Ísis, a deusa, é também o símbolo do desespero de quem perde um ente querido – no caso dela, o marido Osíris.

Atormentada pela morte do companheiro, e determinada a tê-lo de volta, ela usou todos os poderes para tentar ressuscitá-lo. Uma luta sem final feliz.

Na sua investigação, Clementino erguia, talvez sem saber, uma ponta deste véu de Ísis. Um esforço que continua neste livro.

Clementino publicou os poemas e a crônica de Humberto de Campos na íntegra e identificou no longo texto alguns erros, como o de concordância na frase "o sentimento de curiosidade que os tangeram até aqui" e a grafia de "leadder" em vez de "líder" no trecho já citado.

Todos esses motivos do nosso reparo resultam, provavelmente, da "deficiência do aparelho", conforme dizem os espíritas, referindo-se às falhas de que se ressinta, porventura, a cultura do médium.

"Em 39 minutos!", Clementino escreveu assim, em negrito, antes de concluir:

Não seria de mais, certamente, atribuírem-se os erros citados à rapidez verdadeiramente notável com que foi gravada a mensagem: em 39 minutos.

Clementino tomou o cuidado de ouvir a opinião dos outros participantes da sessão logo depois da reunião. Nem todos estavam tão impressionados quanto ele.

O prefeito e médico José de Carvalho viu o fenômeno, segundo o repórter, com o "olhar franco e direto da sua ciência positiva". Ele não acreditava na comunicação com os mortos e ponto final. Seu diagnóstico: o rapaz não estava em seu estado normal. Alguma "coisa fora do comum" — êxtase? alucinação? — deixou o médico preocupado...

O juiz Dario Lins não saiu convencido das faculdades mediúnicas do caixeiro e lembrou o fato de a mão do médium ter estacado durante a sessão. "O transe devia ser mais seguro, mais profundo. No entanto, observou-se aquele enfraquecimento..."

Nesse ponto de sua investigação, Clementino já tinha mais informações do que seus entrevistados. Algumas delas ele consultou no quarto do hotel quando abriu pela primeira vez a pasta de papelão de Chico Xavier. Era uma mensagem assinada por um espírito chamado "Martha" sobre o fenômeno da psicografia. Uma instrução feita ao próprio Chico, através dele mesmo, sobre o processo mediúnico:

> *Ainda não compreendei na Terra como se opera o fenômeno da comunicação dos desencarnados. Ela se faz [...] só por afinidades.*
> *Um espírito, em se manifestando, necessita sintonizar o cérebro que recebe à sua influência. Sintonização de vibrações espirituais.*
> *O médium, pelos seus sentimentos de moral, pelo recolhimento e pela prece, aumenta as suas vibrações; os libertos da carne, já evoluídos pelos bons desejos que os animam de esclarecer e ensinar os seus semelhantes, restringem e reduzem as suas, entrando assim dentro do círculo acanhado em que viveis.*
> *O essencial para que o fenômeno se verifique é a homogeneidade dos pensamentos, porque os espíritos não conhecem as distâncias de espaço, para eles, existem as distâncias psíquicas e estas, muitas vezes, impossibilitam a sua ação.*
> *Numa reunião, nem sempre existe a afinidade requerida, fator principal de um ambiente favorável, resultante das vibrações simpáticas*

entre os assistentes e daí a preferência de alguns desencarnados pelo isolamento para certa ordem de trabalho — Martha

Clementino tinha copiado toda esta mensagem, mas não relatou o conteúdo dela ao juiz desconfiado.

"Tínhamos a resposta no bolso, mas não a exibimos. Não estávamos em propaganda", escreveu em sua reportagem.

O coletor da cidade, Maurício de Azevedo, também entrevistado por Clementino, recorreu a Freud para explicar a psicografia. Para ele, trazemos, muitos de nós, no fundo de nosso inconsciente, a "sedimentação de várias civilizações e culturas anteriores".

Nenhum dos participantes da sessão levantou a hipótese de fraude ou de má-fé do caixeiro de Pedro Leopoldo.

O argumento corrente na cidade era de que, se Chico fosse tão culto e inteligente como demonstrava nas mensagens psicografadas, ele não se submeteria à condição de ganhar aqueles poucos trocados por mês na vendinha de Felizardo.

As opiniões estavam divididas. E continuam divididas até hoje.

As provas de Chico Xavier

Quem é, afinal, Chico Xavier?

Esta era a pergunta que martelava na cabeça de Clementino de Alencar, depois de entrevistar o "caixeirinho" e testemunhar sua atuação como uma espécie de *ghost-writer* do além-túmulo em Pedro Leopoldo.

Depois da última sessão de psicografia — em que pôs no papel três sonetos dos poetas mortos e a longa crônica de Humberto de Campos —, Chico "adoeceu ligeiramente", talvez por exaustão, segundo relatos do repórter de *O Globo*, mas logo se recuperou.

Quatro dias após aquela reunião pública, num transe solitário em casa, ele foi portador de uma nova mensagem assinada por Humberto. O texto foi entregue a Clementino dois dias depois, mas o repórter preferiu arquivá-lo duas semanas, antes de revelar seu conteúdo aos leitores, ávidos por novas mensagens do "jornalista do além".

Era uma carta de despedida.

"Trago-lhe o meu adeus sem prometer voltar breve", Humberto de Campos escreveu através de Chico e justificou assim o seu sumiço:

> *A curiosidade jornalística é agora levantada em torno da sua pessoa. É possível que outros acorram para lhe fazer suas visitas. Mas ouça bem: não me espere como a pitonisa de Êndor, aguardando a sombra de Samuel, para fazer predições a Saul sobre as suas atividades guerreiras.*
>
> *Não sei movimentar as trípodes espiritistas e, se procurei falar naquela noite, é que seu nome estava em jogo. Colaborei, assim, na sua defesa. Mas agora que os curiosos o procuram na sua ociosidade, busque você, no desinteresse, a melhor arma para desarmar os outros. Eu voltarei, provavelmente, quando o deixarem em paz na sua amargurosa vida.*

Humberto saiu de cena em boa hora. Nas semanas seguintes, Chico seria submetido a uma série de provas, uma inquisição conduzida, com rigor jornalístico, por Clementino de Alencar.

A tal "pitonisa de Êndor", mencionada por Humberto, seria o próprio Chico. Caberia a ele fazer previsões e análises sobre os temas mais diversos: economia, direito, medicina. Ao vivo, diante de *experts* da área, o "caixeirinho" se transformaria em "doutor".

Antes do início do inquérito, o "escrevente humílimo" (segundo palavras do jornalista) conversou com Clementino mais uma vez a sós. Foi uma longa conversa no Hotel Diniz, onde o repórter estava hospedado.

Chico parecia outro, falava com uma "inspiração nova", uma "palavra mais fácil", uma "frase mais elegante e flexuosa do que dantes".

Clementino registrou essas impressões em sua reportagem. Durante esse encontro, enquanto Chico falava, ele tentava encontrar — nos seus gestos e no seu discurso — vestígios do "Chico Xavier do balcão" .

"E nos pusemos a escutar Chico, na impressão de o termos ali em transe...", escreveu.

Nessa conversa, o jovem Chico revelou detalhes sobre o processo mediúnico.

> *Quando grafo as mensagens nas sessões, eu só faço-o mecanicamente. Um torpor pesado, prolongado, me invade. Serão realmente dos nomes que as assinam as páginas então produzidas? Eu não poderia responder precisamente, porque, então, a minha consciência como que dorme. De uma coisa, porém, julgo estar certo: não posso considerar minhas essas páginas porque não despendi nenhum esforço intelectual ao grafá-las no papel.*

Nem sempre o processo de recepção de mensagens era mecânico. Na entrevista a Clementino, o médium de 25 anos deu detalhes sobre a mediunidade "auditiva" — Chico ouvia poemas e preleções inteiras, como se estivesse fora de si, mas sem perder inteiramente a consciência de si mesmo — e sobre uma espécie de mediunidade "visual".

Ao passar para o papel um dos poemas de *Parnaso de além-túmulo*, assinado por Guerra Junqueiro ("O padre João"), Chico via as imagens da seqüência descrita nas estrofes: o sacerdote no templo, o abandono da igreja e, por fim, o descarte da batina. A partir dessas visões, o texto ganhava forma.

> *Tombava o dia:*
> *A luz crepuscular*
> *Mansamente descia*
> *Inundando de sombra o céu, a terra, o mar…*

Vivos e mortos muitas vezes se misturavam e se confundiam nesta convivência com Chico. Espíritos apareciam a ele como se estivessem vivos, como se ainda carregassem com eles os "despojos terrenos", o corpo, as impressões físicas.

Clementino ficava, a cada dia, mais impressionado e intrigado com o fenômeno.

Em conversa com o médico Christiano Ottoni — "clínico de grande nomeada em toda esta Zona de Minas" —, o repórter levantou mais informações sobre seu personagem.

O doutor Ottoni foi um dos professores de Chico Xavier e destacou várias qualidades do ex-aluno: inteligência muito lúcida, superior à normal, excelente memória, grande poder de assimilação, "presença de espírito" (sem ironias).

O nível de cultura, no entanto, ficou abaixo da média.

A tese do médico sobre a capacidade de Chico se comunicar com os mortos era a seguinte: histeria. O ex-aluno, segundo o doutor Ottoni, era um caso a ser analisado pela psicanálise e pela ciência. Todo médium, segundo ele, devia ser examinado como um ser "descontínuo", que se alternava entre o normal e o anormal.

Logo depois da longa conversa com Chico sobre sua mediunidade, Clementino teve acesso a uma das mensagens psicografadas por ele em sessão pública dois anos antes de sua chegada à cidade.

Era o seguinte o texto:

LLEWRUOYEH
LFOSDNEIRF
YNAMEVAHUO
YNEMHTOTE
POHDNAHTUR
TEGRALYREV
YLURTSIESU
OHSREHTAFS
UORENEGRUO
SREHTORBYM

Logo abaixo desse amontoado de letras, aparecia uma instrução de leitura assinada por Emmanuel:

> *Meus amigos, boa saúde e paz. Penso que se enfileirardes inversamente as minhas letras, elas vos revelarão o meu pensamento. Paz a todos nós. Emmanuel.*

Enfileiradas ao inverso, as letras formaram a seguinte mensagem:

My brothers, our generous Father s House is truly very large. Truth and hope to the men. You have many friends of the your well.

Traduzindo:

Meus irmãos, a Casa Generosa do Nosso Pai é, em verdade, muito vasta. Verdade e esperança aos homens. Tendes muitos amigos do vosso Bem.

Clementino identificou o erro no texto original — o uso do "*the*" antes do "*your*" e cobrou uma explicação ao "autor espiritual", Emmanuel.

A pergunta do repórter foi encaminhada a Chico também em inglês: *"We do not understand very well the last sentence. Why the article The?"*.

Na resposta psicografada em inglês também primário —, Emmanuel admitiu, através de Chico, ser apenas um aprendiz da língua inglesa e afirmou: *"Our idiom is the thought"*, ou, em bom português: "Nosso idioma é o pensamento".

Artifícios como estes — escritas invertidas em línguas estrangeiras — eram utilizados por Chico/Emmanuel, no início de sua "parceria espiritual", para convencer os incrédulos. Uma tarefa inglória.

Clementino de Alencar queria mais provas.

Chico/Emmanuel seria submetido a uma sabatina ao longo de todo o mês de maio.

A primeira pergunta de um longo questionário foi elaborada pelo promotor público Washington Floriano de Albuquerque, o companheiro de "rubricas" de Clementino: *"Que possibilidades existem e que vantagens ou desvantagens adviriam da implantação de um regime extremista no Brasil?"*.

A pergunta — atual naqueles tempos de avanço preocupante do fascismo no mundo — foi apresentada de surpresa ao "caixeirinho" em visita fora de hora à casa de José Cândido.

Aquele não era dia de sessão no centro e Chico passava por lá apenas para conversar com o irmão, quando foi surpreendido pela presença do repórter.

Clementino estava ali para perguntar a José Cândido sobre a possibilidade de consultar, naquele dia mesmo, os "Amigos do Espaço" sobre "temas da atualidade".

José Cândido se recusava a admitir aquela quebra de protocolo:

— Só na quarta-feira, único dia reservado às sessões — ele repetia.

Era uma determinação dos "espíritos-protetores" do médium.

Chico acompanhou o impasse em silêncio e, de repente, disse:

— Emmanuel atende.

Surpreso, Clementino tirou um papel amarrotado do bolso da calça, com um rascunho da pergunta, e o entregou a Chico junto com o próprio bloco e um lápis.

José Cândido fez uma prece ao Senhor e aos espíritos dos nossos "mortos bem-amados" e, instantes depois, o lápis já deslizava sobre o papel, rápido e sem pausas, como de costume.

A escrita durou doze minutos e se encerrou com a assinatura de Emmanuel.

"A implantação de um regime extremista seria um grande erro que o sofrimento coletivo viria certamente expiar", decretava o "autor espiritual" num dos trechos da mensagem.

O texto era uma aula:

> *De um lado prevalecem as doutrinas dos governos fortes, como a política do "sigma" copiando o fascismo em suas bases. Da outra margem, se encontra o comunismo, inadaptável ainda à existência da nacionalidade, levando-se em conta o problema da necessidade de braços para o trabalho em uma terra vastíssima à espera das iniciativas e cometimentos de progresso preciso.*

Em sua reportagem, Clementino publicou a íntegra da mensagem e concluiu: "Estava conseguida a primeira entrevista com o Além".

No dia seguinte, o interrogatório continuou. A segunda pergunta foi elaborada pelo médico Maurício de Azevedo: "*O diabetes é uma moléstia microbiana? Em caso contrário, esclarecer as causas possíveis da moléstia*".

Desta vez, Chico não respondeu de imediato. Levou a questão para casa às oito da noite e entregou a resposta a Clementino no hotel duas horas e meia depois. Mais uma longa resposta assinada por Emmanuel.

> *Síndrome assinalada pela irregularidade da combinação dos hidratos de carbono, trazendo ao sangue o excesso de matérias açucaradas, os menores abalos do aparelho glico-regulador podem produzi-lo, como sejam as alterações do funcionamento da glândula abdominal, as afecções do fígado ou da hipófise, ocasionando a ausência do equilíbrio endocrínico.*

Este era o primeiro parágrafo, mais tarde analisado pelo médico e corrigido por ele em dois pontos: em vez de "irregularidade da combinação dos hidratos de carbono", o mais correto seria dizer "irregularidade da combustão dos hidratos de carbono". A glândula abdominal citada é o pâncreas.

Segundo Clementino, não havia outros médicos na cidade no período em que Chico "psicografou" sua resposta. Ele também não tinha acesso ao posto telefônico naquela hora para fazer possíveis consultas a especialistas de fora. E completar uma ligação naquela época era quase um milagre...

Mais fácil talvez fosse mesmo contactar as forças espirituais...

O título da reportagem: "Como em Delfos, a voz dos oráculos alvoroça Pedro Leopoldo".

Muitas surpresas ainda viriam. Clementino levaria um susto na segunda sessão pública de psicografia testemunhada por ele na casa de José Xavier.

Antes de ir para a reunião, o repórter traçou um novo questionário endereçado aos "Amigos do Espaço". Eram quatro as perguntas preparadas por ele:

— Continua a alma a lutar pelo seu aperfeiçoamento na vida do Além?

Uma pergunta fácil de responder para quem, como Chico, conhecia as obras de Kardec.

As outras questões:

— Está o mundo subconsciente subordinado às funções corporais?

— Esclarecei-nos sobre o fenômeno do sonho.

— Podereis elucidar-nos sobre os instintos e suas variedades?

Clementino escreveu cada pergunta numa página e guardou as quatro folhas dobradas no bolso.

A segunda sessão espírita estava ainda mais concorrida do que a primeira. Quando o repórter de *O Globo* chegou à casa do seleiro encontrou uma multidão de visitantes ilustres vindos de Belo Horizonte e de Sete Lagoas.

Coronel, major, promotor, advogado, médico, comerciantes e até um banqueiro — Francisco Teixeira — se aglomeravam na oficina de seleiro (usada como sala de espera nos dias de sessão) para acompanhar as "escritas do além".

Ao chegar, o repórter selecionou duas perguntas e as entregou, dobradas, a José Cândido, o anfitrão. Chico chegou nesse instante e viu os outros dois papéis amarrotados na mão do jornalista:

— E esses?

O repórter disse que não queria incomodá-lo com tantas questões, mas Chico insistiu:

— Não, não, o senhor pode pôr essas aí na mesa também com as outras. Pediremos resposta para todas. Se vier, bem; se não, paciência. Em todo caso, tenta-se, ué!

As quatro perguntas juntaram-se, então, na cabeceira da mesa, à espera de respostas do outro mundo, e a sessão se iniciou com o pedido de concentração e silêncio e a prece de sempre.

Um minuto talvez e a mão do médium dá o primeiro sinal. Depois, entra a correr sobre o papel, com a rapidez habitual. Os "Amigos do Espaço" atenderam à nossa invocação. E — pela escada maravi-

lhosa da prece — que não cessa mesmo sob as bocas mudas, descem agora as respostas que pedíramos.

Clementino demonstrava sua fé na reportagem de *O Globo*. Fé e ansiedade. No primeiro estágio da sessão, Chico deu atenção especial às perguntas encaminhadas pelo repórter.

Correndo, o lápis vence o campo virgem da folha branca, sob as próprias linhas da pergunta que grafáramos.

Sentado à mesa com o médium, Clementino só conseguia identificar a assinatura misteriosa ao pé de cada resposta curta: "Max".

A segunda etapa da sessão foi embalada por versos também escritos a jato, sem intervalos, pelo caixeirinho. As estrofes cobriram oito páginas.

Mas a surpresa maior estava reservada para o fim.

De repente, a mão de Chico passou a contrariar o processo normal da escrita e a preencher a página em branco da direita para a esquerda.

— Será árabe? — sussurrou alguém na sala.

Instantes depois, o lápis estacou e a prece de encerramento tomou conta do salão apinhado.

Era a hora de ouvir as "vozes do além".

Primeira pergunta: *"Está o mundo subconsciente subordinado às funções corporais?"*.

Primeiras linhas da resposta:

O mundo subconsciente não se acha subordinado à função de nenhum órgão. Ele representa a súmula dos conhecimentos do ser em suas existências passadas, consubstanciada na inteligência operosa e criadora.

Próxima questão: *"Continua a alma a lutar pelo seu aperfeiçoamento na vida do Além?"*.

A primeira frase não deixava dúvidas: *"O espírito luta em todos os planos da existência e a vida é o seu eterno presente"*.

Nenhuma pergunta ficou sem resposta: *"Podereis elucidar-nos sobre os instintos e suas variedades?"*.

Um trecho da mensagem assinada por Max:

> *Toda a grandiosidade do vosso progresso, em todos os setores da atividade humana, representa a evolução lenta dos instintos, os quais, transformados na inteligência civilizadora, são, hoje, os motivos do vosso poder e dos vossos surtos evolutivos.*

A última questão — sobre o fenômeno do sonho — mereceu a seguinte análise:

> *Em sua generalidade sonhos representam somente o reflexo de sensações fisiológicas. Contudo isso não é regra geral. No sono, como no sonambulismo, nas hipnoses profundas, pode a alma exteriorizar-se mais intensamente no seu desprendimento temporário e ouvir e ver quantos a ela se acham ligados pelos elos afetivos no Além.*

De acordo com "Max" — mais tarde identificado como um pseudônimo usado pelo médico "Bezerra de Menezes" —, o sonho poderia ser um veículo para a promoção de encontros, na outra dimensão, entre os "vivos" e os desencarnados.

A sessão teve a participação de dois convidados tão ilustres quanto invisíveis: Olavo Bilac e o assíduo Augusto dos Anjos. Eram assinados por eles os sonetos escritos por Chico logo depois das respostas ao questionário.

Um dos poemas atribuídos a Bilac era endereçado "Aos descrentes", definidos, na primeira estrofe, como integrantes da "turba desvairada", que de "olhos cegos e ouvidos moucos", está longe da "senda iluminada".

Nos versos seguintes, veio o apelo:

> *Retrocedei dos vossos mundos ocos,*
> *Começai outra vida em nova estrada,*

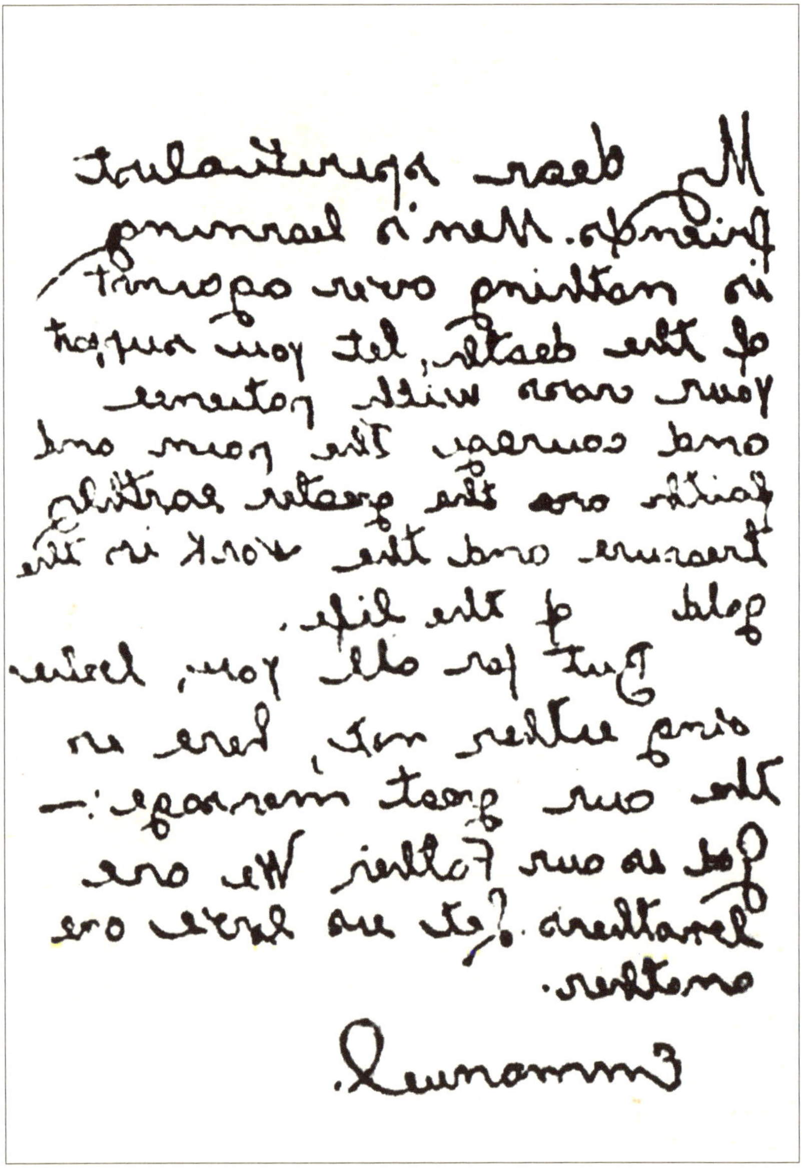

Mensagem psicografada por Chico, em inglês, de trás para a frente, durante sessão testemunhada por Clementino: leitura possível apenas com a ajuda de um espelho.

Sem a idéia falaz do grande Nada,
Que entorpece, envenena e mata aos poucos.

Augusto dos Anjos também dedicou seu poema, "Vida e morte", aos incrédulos da noite:

A morte é como um fato resultante
Das ações de um fenômeno vulgar,
Desorganização molecular,
Fim das forças do plasma agonizante.

Mas a vida a si mesma se garante
Na sua eternidade singular,
E em sua transcendência vai buscar
A luz do espaço fúlgida e distante!

E chegou o clímax do espetáculo. O momento de revelar o sentido do texto escrito de trás para frente. Quinze linhas ao todo lidas apenas com a ajuda de um espelho. Mais uma aventura de Emmanuel no terreno traiçoeiro, para ele, da língua inglesa.

My dear spiritualist friends. Men s learning is nothing over against of the death; let you support your cross with patience and courage. The pain and faith are the greater earthly sure and the work is the gold of the life.

Traduzindo:

Meus caros amigos espiritualistas. O conhecimento dos homens é nulo em face da morte; suportai a vossa cruz com paciência e coragem. A dor e a fé são os maiores tesouros terrenos e o trabalho é o ouro da vida.

Mais uma vez, Chico/Emmanuel tropeçou no uso do "*the*" antes do possessivo na frase "*the gold of the life*". Clementino apontou o erro e atribuiu o deslize "à deficiência do aparelho, o médium, que nada sabe daquele idioma".

A inquisição iria continuar. O caixeirinho "bisonho" do Zé Felizardo ainda teria de responder a questões complexas de economia, direito penal e... gêmulas.

Sem saber, Clementino seguia à risca uma das orientações básicas de Allan Kardec (o codificador da doutrina espírita) a seus discípulos e aos adeptos da "fé raciocinada" defendida pelo espiritismo: desconfiar sempre.

Melhor descartar dez verdades do que aceitar uma mentira — ele recomendava.

O inquérito chega ao fim

As semanas se passavam e o repórter Clementino de Alencar continuava instalado em Pedro Leopoldo para investigar o "fenômeno" Francisco Cândido Xavier. Mensagens escritas em inglês da esquerda para a direita, poemas assinados por Bilac e Augusto dos Anjos, uma longa carta póstuma atribuída ao renomado Humberto de Campos — todo esse material surgiu nas páginas em branco preenchidas, a jato, em sessões públicas, pela "mão calosa do caixeirinho bisonho" de Pedro Leopoldo.

Clementino queria mais — e os leitores de *O Globo* também. As reportagens começavam na primeira página e continuavam, sempre, na página 3, com fotos e manchetes sensacionais.

"Homens de Ciência e curiosos em grande romaria a Pedro Leopoldo", anunciava o jornal no dia 28 de maio de 1935.

Um mês depois da publicação da primeira reportagem da série, as revelações de Clementino de Alencar transformavam Chico Xavier numa celebridade e numa polêmica.

A terceira sessão espírita testemunhada pelo repórter de *O Globo* atraiu curiosos do Rio de Janeiro, Belo Horizonte e São Paulo. Entre os espectadores da sessão de psicografia, estava um professor de psiquiatria da Faculdade de Medicina da capital mineira, Melo Teixeira, além de advogados e comerciantes.

> *Na sua maioria, não são os presentes espíritas declarados; apenas estudiosos ou amigos do médium, ou simples descrentes e curiosos da estirpe de Thomé — o santo,*

definiu Clementino em sua reportagem.

Pouco antes de sair do Hotel Diniz e caminhar em direção à casa simples do irmão de Chico — sede das sessões —, o repórter fez um breve balanço de seus "contatos impressionantes com o mistério" e reafirmou sua decisão de desempenhar, mais uma vez, o papel de "observador frio" da comunicação entre vivos e mortos.

A cada dia, ficava mais difícil para ele ser tão imparcial ou objetivo.

A nova reportagem exibia traços de crônica.

"Morrer, dormir, talvez sonhar... Quem sabe?", ele divagava.

O "redemoinho de indagações" só foi interrompido, no quarto do hotel e na reportagem, quando um jovem advogado de Belo Horizonte, Costa Carvalho Filho, bateu à porta do repórter para sugerir um novo teste, pouco antes da sessão.

A sugestão do advogado era um enigma e a conversa começou com a exposição de uma tese indecifrável:

— De acordo com a teoria de Darwin, corroborada pelas idéias de Haeckel, fiz ver, em um trabalho publicado há cerca de dois anos, a gradação das qualidades psíquicas por nuances imperceptíveis, do homem ao cristal. No homem quis ver a cúpula psíquica do nosso conhecimento; no cristal, o germe da nossa alma.

Clementino anotou estas elucubrações em seu bloco e estimulou o recém-chegado a ir direto ao assunto.

Qual pergunta ele gostaria de encaminhar aos "Amigos do Espaço" através de Chico Xavier?

E lá veio:

— A idéia que preside a orientação das gêmulas em formação do embrião animal é da mesma natureza da que preside a formação dos embriões vegetais e dos cristais?

Esta charada foi escrita por Costa Carvalho no alto de uma folha em branco, para ser submetida ao pobre caixeiro de Pedro Leopoldo. Ele mesmo levaria a questão ao médium durante a sessão.

Clementino tinha outra pergunta a fazer:

"Kann ein Geist einen lebendigen Freund besuchen?" Esta interrogação em alemão foi escrita por ele no topo de outra página a ser preenchida pelos consultores invisíveis. Emmanuel, de preferência. Foi este o nome que o repórter "mentalizou".

Na platéia lotada durante a sessão da noite, eram muitas as expectativas extravagantes.

As páginas com as "encomendas" foram posicionadas diante de Chico pelo irmão dele, José Cândido. Um dos participantes da sessão invocava o espírito de Euclides da Cunha. Um grupo de Belo Horizonte desafiava o médium a desvendar o conteúdo de um envelope lacrado na capital por "pessoas idôneas, devidamente mantido fora do alcance de todas as mãos e olhares locais".

E a sessão começou com a prece e o pedido de silêncio de sempre. Os mortos iriam se comunicar mais uma vez e — mais uma vez — Chico seria submetido à desconfiança alheia.

Tudo pronto. O lápis começou a deslizar acompanhado de perto por mais de trinta olhares atentos e ansiosos.

A primeira pergunta a ser respondida foi a encaminhada por Costa Carvalho.

A resposta cobriu o papel em velocidade e sem pausas:

> *A teoria darwiniana das gêmulas constitui uma regra geral em todo o portentoso drama da evolução anímica. No reino mineral, vegetal, animal, incluindo-se o hominal, encontramo-la sempre representando os corpúsculos infinitésimos, operários perfeitos da hereditariedade. O assunto, porém, é por demais transcendente para que possamos resumi-lo nas duas linhas de uma resposta — Emmanuel.*

Pois é.

Costa Carvalho aprovou a resposta e o fato de a análise seguir a ordem da citação "mineral, vegetal e animal", de acordo com o método científico de avaliação desses fenômenos.

Chico passou no primeiro teste... e os desafios se seguiram em clima de suspense.

A invocação ao espírito de Euclides da Cunha não surtiu efeito. No lugar do estilista de *Os sertões*, apareceu Emmanuel para tentar pôr um pouco de ordem na casa.

> *Torna-se preciso encarecer a importância que assume tal chamado do mundo espiritual, onde não nos encontramos à revelia de leis que regulam os nossos mínimos atos. Também na evocação individual existem os perigos de auto-sugestão.*

Amigos espíritas presentes traduziram este alerta ao repórter. A evocação de qualquer nome deveria ser evitada para afastar o risco de o médium ser levado à auto-sugestão.

O envelope lacrado em Belo Horizonte continuou inacessível aos espectadores da sessão.

> *Quanto ao consulente de Belo Horizonte, o qual apresenta um envelope fechado, dispenso-me de semelhante tarefa.*

O desafiante, segundo Emmanuel, deveria se dirigir a um "estudante de telepatia".

A pergunta de Clementino, em alemão, também ficou sem resposta.

> *Não compreendo a pergunta que, a meus olhos, está constituída como de traços de um hieróglifo, em virtude da minha ignorância a respeito daquilo que traduzem.*

A resposta se encerrou com outra ironia assinada pelo guia de Chico:

Na minha condição de desencarnado, ainda não atingi a onisciência.

A sessão terminou com outros poemas do sempre assíduo Augusto dos Anjos — sonetos que seriam incorporados depois às novas edições de *Parnaso de além-túmulo* — e com um alerta de Emmanuel sobre o "enorme dispêndio de forças neuro-psíquicas" exigido do médium durante o transe em sessões públicas e concorridas como aquela, onde se tornava difícil a manutenção da "corrente".

Na reportagem publicada sobre essa sessão — a terceira testemunhada por ele —, Clementino relatou as decepções sucessivas e não resistiu a, pela primeira vez, defender uma opinião sobre o assunto.

> *Diante de tudo isso, sente-se o repórter no dever de anotar, já agora, aqui esta impressão: torna-se cada vez mais remota a idéia de fraude grosseira que tenha porventura surgido com as primeiras notícias relativas ao jovem médium de Pedro Leopoldo.*

O título dessa reportagem: "Não se pode negar. Estamos diante de um fenômeno lídimo, visto, presenciado".

As palavras do professor de psiquiatria da Universidade de Belo Horizonte, Melo Teixeira, presente à última sessão, foram transformadas em manchete pelo jornal do Rio.

"Haverá naturalmente os que acusam esse rapaz de fabricar pastiches", afirmou o psiquiatra depois de reler os sonetos de Augusto dos Anjos e concluiu:

— É uma hipótese para observador distante e superficial, mas não para os que presenciem e se inteirem, como o fizemos hoje, do fenômeno.

Nos últimos dias, Chico exibiu um abatimento acima do normal. Estava mais cansado do que de costume, mas Clementino não desistiu. Decidiu submetê-lo a novos testes num encontro a sós no dia seguinte.

Chico concordou em recebê-lo em casa, a partir das nove da noite, depois do expediente na venda de Zé Felizardo.

— Poderemos obter uma comunicação com Emmanuel? — o repórter perguntou.

— É provável que sim. Venha e a gente tentará.

Emmanuel não sabia alemão, mas demonstrou conhecimento de inglês, língua que, segundo todos os moradores de Pedro Leopoldo consultados pelo repórter, o caixeirinho desconhecia totalmente.

O objetivo de Clementino era pôr à prova o inglês de Emmanuel e, por tabela, a psicografia de Chico.

Clementino precisava dar mais provas a seus leitores e levou para a casa de Chico, na noite seguinte, três novas perguntas, todas em inglês:

> *Is life an empty dream?*
> *Have you, spirits, any power upon the future of your living friends?*
> *Many voices say we are living through dangerous days, the phantom of war ahead. What do you think about? What do you think about the possibility of a new world war?*

Passava das nove da noite quando Chico fechou os olhos sobre a página em branco e, com um lápis emprestado pelo repórter, passou a registrar "as palavras do além".

"Tendes vós, os espíritos, algum poder sobre o futuro dos vossos amigos vivos?" A resposta, assinada por Emmanuel, começou com uma correção à pergunta. Para ele, era equivocado usar a expressão "amigos vivos", porque "todos nós estamos vivendo".

— Há apenas, para essas vidas, planos diferentes que, aliás, se interpenetram — ensinou Emmanuel, em bom português.

Os espíritos, segundo ele, não teriam poderes sobre o futuro dos amigos da Terra.

— Essa atuação infirmaria o valor da iniciativa pessoal e encontraria os obstáculos do livre-arbítrio, lei reguladora da existência de cada indivíduo.

A segunda questão a ser respondida foi a filosófica "é a vida apenas um sonho vazio?".

Emmanuel respondeu com alguma poesia.

"A vida não é sonho, conjunto de idéias quiméricas e fantasias ocas. É o sonho da perfeição, cheio das vibrações da eterna beleza."

Mais uma resposta em português.

Não era o que Clementino esperava e, enquanto as frases se espalhavam pelo papel, ele enviava — segundo "mandam as práticas espíritas" — "pedidos mentais" ao "Amigo do Espaço", uma espécie de prece insistente.

"Inglês, inglês", Clementino mentalizava.

E lá veio a nova resposta sobre a possibilidade de uma nova guerra mundial. Nem sim, nem não...

"Vamos lutar conjuntamente, confiando na misericórdia da Providência Divina."

E o inglês?

Quando Clementino já estava prestes a desistir, o lápis de Chico passou a grafar as palavras no idioma esperado por ele:

> *My good friend. I consider terminated this experience s phasis with himself. Even in benefit of investigation either science, I cannot sacrifice the health of our Francis. We think you have encountered enough elements to remove all supposition from fraud.*

O inglês sofrível estava de volta... para uma despedida.

> *Meu bom amigo. Considero finda esta fase de experiências consigo. Mesmo no interesse da investigação ou da ciência, não posso sacrificar a saúde de nosso Francisco. Pensamos que tendes encontrado elementos suficientes para que seja afastada a suposição de fraude.*

Chico estava cansado, exausto de tanta exposição e de tantas provas. No dia seguinte, se retirou para dois dias de folga e de reclusão num sítio perto da cidade e manteve distância, nas semanas seguintes, das sessões públicas na casa do irmão.

Numa manhã, Clementino o surpreendeu atrás do balcão tosco da venda de Zé Felizardo com uma caneta à mão.

"Vende-se esta casa", era o que Chico escrevia num cartaz a ser pendurado na parede da loja.

"E escrevendo humildemente essa quase confissão de falência e desamparo, Chico Xavier sorria-nos, com o sorriso débil e a expressão boa dos resignados", descreveu Clementino numa de suas últimas reportagens.

A terceira sessão foi a última testemunhada por ele.

A vida de Chico tinha mudado. E a mudança era irreversível.

Muitos acreditariam nele, outros duvidariam sempre.

A última mensagem em inglês, assinada por Emmanuel para Clementino, se encerrava com duas frases:

> *To give one s self to truth is a beautiful word; notwithstanding, she has triumphed for herself. We judge to have a accomplished all our duties. Good by — Emmanuel.*

Traduzindo:

> *Dar-se alguém por si mesmo à verdade é bonito; não obstante ela tem triunfado por si mesma. Julgamos ter cumprido todos os nossos deveres. Adeus — Emmanuel.* [*O Globo*, 4/6/1935]

E a tia Lourinha?

Setenta anos depois de Clementino de Alencar, volto a percorrer este terreno movediço da psicografia, um território onde consciente e inconsciente se misturam. Como explicar os fatos narrados pelo repórter de *O Globo*?

E a mensagem assinada por "tia Lourinha" — a carta psicografada pelo médium de Brasília que deu origem a este livro?

Esta é a pergunta que me faço enquanto investigo este universo onde vivos e mortos se encontram.

Toda quarta-feira, a partir das dez da noite, o jovem médium — ele pede para ter a identidade preservada para evitar superexposição — passa para o papel mensagens do além durante sessões solitárias ao lado da mulher, médica pediatra, mãe de seus três filhos. E é inevitável: nessa noite, vivo, no Rio de Janeiro, a mesma ansiedade secreta e inconfessável: será que a tia Lourinha mandou outras notícias? Chegou alguma mensagem para mim?

Evito conversar com o médium sobre o assunto, para não influenciá-lo. O tempo passa, as pesquisas avançam... e nada. Nenhuma palavra de tia Lourinha.

Como Clementino de Alencar, caio na tentação de recorrer ao método de "mentalizar" o nome dela e pedir, em silêncio, uma mensagem. Quem sabe? Na primeira carta endereçada a mim, "ela" afirmou estar ao lado do meu avô e da minha tia. Qual avô? Qual tia? Ela me daria os nomes? Eu queria provas — esta era a verdade. Mas tia Lourinha sumiu.

Talvez fosse preciso eu ir até Brasília tentar um contato mais direto com ela. E é isto o que decido fazer.

Uma semana antes combinei o encontro com o médium, com quem conversei, nos últimos dois meses, apenas pelo telefone para tratar de questões profissionais ligadas a ele: um programa de televisão sobre espiritualidade. Em todas as conversas, ele demonstrou senso prático e visão estratégica.

Agora eu iria ter contato direto, "ao vivo", com outra dimensão da personalidade do professor: a de médium psicógrafo, porta-voz dos espíritos. Sem público e sem o compromisso de consolar famílias, ele se transforma em "antena psíquica", como definia Chico.

Nessa semana, sou o único convidado da sessão.

Sete dias antes, obtive o sinal verde, após assumir o compromisso de evitar excessos com álcool e sexo até o dia da reunião — o ideal seria manter distância da bebida alcóolica e evitar qualquer "ambiente promíscuo".

No dia da sessão, o médium toma cuidados especiais. Tenta manter o máximo de equilíbrio possível, sem abrir mão dos compromissos profissionais.

Quarta-feira é dia de alimentação frugal (nada de carne vermelha) e de jejum à noite antes da sessão — o jantar é substituído por um copo de leite morno. É dia também de ser pontual. Há outros convidados, invisíveis, do "outro lado" — todos têm hora para participar de reuniões mediúnicas.

O cenário do encontro é a casa confortável onde o médium vive com a mulher e os filhos, num condomínio de classe média alta de Brasília. A mulher dele me recebe sorridente, acompanhada pela bela filha, uma menina de um ano e oito meses chamada Lívia — homenagem do professor à ex-mulher de Emmanuel, guia espiritual de Chico Xavier, numa de suas encarnações passadas, a do senador romano Publius Lentulus.

Este é um mundo especial — o mundo dos espíritos eternos, da "vida depois da vida", de uma evolução sem fim, a cada nascimento e a cada morte. O professor nasceu em "lar espírita" e é um estudioso dessas leis. Numa das paredes da saleta onde vai se desenrolar a sessão, dois pôsteres emoldurados se destacam: um exibe a imagem de um Chico Xavier sorridente. No outro, está Jesus Cristo. Lado a lado.

Ficamos eu e o médium da "tia Lourinha", frente a frente, numa mesa estreita. Cortinas brancas rendadas balançam na janela movidas pela brisa de Brasília e pelo ventilador de teto que gira sobre nós. Na estante ao fundo, alguns livros se destacam: *Além do materialismo espiritual*, *Um Deus social* e *O karma*.

O professor tem se dedicado também ao estudo do budismo e da terapia de vidas passadas.

— O mal é o passado. O bem é o futuro. Nós somos o vira-ser — ele diz, pouco antes de iniciar a "conexão" com outras dimensões.

Sobre a mesa de madeira que nos separa, os títulos são outros: *Instrumentos do tempo*, de Emmanuel (psicografado por Chico Xavier), e as obras completas de Kardec.

— Preparado? — ele me pergunta. — Eu talvez fale em outras línguas, talvez fique em silêncio por muito tempo, não se assuste — alerta.

Estou calmo.

Dez e quinze da noite. Vai começar a sessão. Ele tira o relógio do pulso e o coloca sobre a mesa.

Penso em "tia Lourinha" e na importância de Brasília na minha vida… Importância vital: foi aqui que nasci no dia 2 de abril.

A sessão começa com uma prece. A voz potente e empostada do professor vibra na sala acanhada.

— "Senhor Jesus, queremos, Senhor Jesus, te pedir perdão pelos nossos erros, pela natureza brutal e inferior do nosso ser."

"Ó, Jesus, dá a vossa permissão para que os benfeitores espirituais se dignem a viajar pelo espaço, identificar a nossa oração e vir ao nosso encontro."

A oração dura quase quinze minutos.

"Será que a tia Lourinha vem?", é esta a pergunta que martela na minha cabeça.

Depois da prece, o médium lê, em voz alta e ainda empostada, trechos de *Instrumento do tempo* e da biografia de Kardec, faz comentários sobre as passagens lidas e, às 10h 55, põe um mantra para tocar, suavemente, no aparelho de som.

É preciso preparar o ambiente, criar condições favoráveis para a visita dos espíritos. Um processo demorado.

Sobre a mesa, estão, além dos livros, um maço de páginas em branco e três canetas.

Às onze e cinco, depois das preces e dos comentários sobre as leituras, ele apaga a luz.

Silêncio, concentração. Minutos se passam, intermináveis. Quinze, vinte, meia hora, cinqüenta minutos.

Recostadas na cadeira de espaldar reto, minhas costas doem. Divago no meio daquele silêncio todo, só quebrado pelo riso ou pelo choro de Lívia, do outro lado da porta fechada. A mãe tenta fazer a filha dormir enquanto o pai se "desliga" e se transforma diante de mim.

Com o tempo — já não sei quanto —, a respiração dele fica ofegante. A cabeça cai lentamente sobre os ombros — direita, esquerda — repetidas vezes, em movimento pendular. De repente, ela tomba sobre o peito e, rápido, se ergue de novo.

Durante todo o transe, as mãos do médium ficam estendidas sobre a mesa. Os olhos fechados se mexem de um lado para o outro como se tentassem enxergar algo no escuro.

Na penumbra, enquanto me acostumo com a escuridão, vejo seu rosto se contrair.

Com seus olhos cerrados, o médium vê muito mais do que eu. Cobras luminosas flutuam no ar em torno de nós. Mais tarde ele vai me contar o que via e traduzir essas visões: as cobras representariam energias instáveis percebidas e combatidas por ele — e pelos espíritos — durante as preces. É preciso diluir essas energias antes de iniciar a comunicação.

Sua mulher entra na sala quando já passa da meia-noite e se junta a nós na mesa. Lívia dorme. Chegou a hora.

A mão direita do médium tateia sobre a mesa até alcançar uma das canetas e o maço de folhas de papel ofício e, instantes depois, cai, pesada, sobre o papel.

Ele não cobre os olhos com a mão esquerda nem escreve em velocidade vertiginosa como Chico e seus discípulos. O processo de psicografia, aqui, é outro.

Seu rosto se contrai e a mão se arrasta sobre as folhas em branco como se estivesse sendo empurrada ou puxada por forças invisíveis, independentes do médium.

Ele começou a exercitar a psicografia há mais de quinze anos, quando ainda morava na cidade natal, Recife. No início, os espíritos pareciam treinar caligrafia com o médium. Eram exercícios de adaptação.

Durante o processo, ele sente o metabolismo mudar. A pressão cai, os batimentos cardíacos se alteram, as mãos e os pés esfriam. Tudo fica mais lento.

As aulas de caligrafia parecem não ter funcionado bem.

Os garranchos se espalham sobre as páginas e eu não consigo identificar o sentido de nenhuma das frases. A penumbra e as letras quase indecifráveis eliminam as chances de uma leitura confiável.

E vem o ponto final da primeira mensagem. A caneta golpeia o papel com força. Ponto final... A assinatura do "remetente" vem em seguida, ilegível para mim.

A mulher do médium puxa cada página de papel preenchida e abre espaço para a seguinte.

A sessão se prolonga por quase uma hora. Durante todo este tempo, eu me concentro e peço, em silêncio, para que "Lourinha" se comunique — um pedido que tomei o cuidado de não fazer ao próprio médium para não influenciar a escrita.

De repente, a expressão dele muda e sua postura na cadeira se transforma drasticamente. A impressão que eu tenho é de que ele ficou quarenta anos mais velho. Uma impressão confirmada instantes depois quando ele quebra o silêncio, me encara de olhos fechados e diz com uma voz que não é a dele. Voz de velha.

— Antes de escrever, vou falar.

Eu observo apenas.

— Eu sou a mãe do presidente Lula.

Quase não contenho o riso. Estamos em Brasília, a cerca de dez quilômetros do Palácio da Alvorada, em mais uma semana de tensão na vida do torneiro mecânico eleito para a presidência de um país em crise.

A caneta agora se arrasta sobre o papel com maior lentidão ainda. Seu braço parece pesar toneladas. Penso numa das frases de estimação de Lula e numa gafe cometida por ele dias antes desta sessão:

— Minha mãe nasceu analfabeta — ele afirmou num discurso.

O que Lula queria dizer é que a mãe, dona Lindu, morreu analfabeta há 24 anos. E lá estava "ela", diante de mim, escrevendo um recado misterioso na penumbra de Brasília.

Um recado que eu só conheceria no final da sessão.

E está chegando a hora. Já passa de uma e meia da madrugada de quinta-feira quando o médium pára de escrever e, de olhos fechados ainda, puxa uma corda pendurada ao ventilador de teto. As luzes se acendem e fazem meus olhos arderem.

O médium se senta e, de repente, seu rosto contraído volta à forma original... Toda a expressão se alivia. A minha também.

Ele me encara, agora de olhos abertos, respira fundo, puxa os maços de papel para perto dele e inicia a leitura das mensagens daquela noite.

Primeira mensagem:

Paulo matou inúmeros discípulos de Jesus, no entanto, encontrou Jesus na Estrada de Damasco e perguntou a Jesus: "Senhor, que queres que eu faça?". Que importa o passado?

A vida na Terra é uma concessão de Deus, na direção do Progresso. Não te aflijas com o pretérito. No presente salvarás milhares de vidas da escuridão. Paz em Jesus. Vosso amigo, Flamarion.

O médium lê o nome e se anima com a possibilidade de este "Flamarion" ser o astrônomo francês Camille Flamarion, companheiro de Kardec na França do século XIX.

— Quem sabe? — ele deixa a pergunta no ar.

Eu ainda aguardo notícias da tia Lourinha.

E chega a vez da "mãe do Lula". Nem o médium consegue conter o riso ao iniciar a leitura.

Vamos à íntegra da mensagem (sem nenhuma correção):

"Palácio do Planalto",

Palácio das Ilusões. Que adianta a presidência se o povo está abandonado? Que adianta o poder, se ele impede a melhoria social? As forças econômicas jamais trarão justiça à sociedade. Para que o nosso Luiz Inácio cumpra sua tarefa de verdade, somente se renunciar o poder no futuro. Agora vou falar do cercado que sonhávamos. Uma vaca leiteira, uma bananeira, um pé de feijão, algumas galinhas e já teríamos tudo.

Lembro do menino que do telhado de nossa casa gritava: "Um dia o Brasil vai viver sem fome e dirá: Foi o Lula que me salvou".

Paz, meus filhos. Por enquanto, o sonho foi adiado. Deus saberá encaminhá-lo no amanhã. Paz.

Depois desta demonstração de decepção materna, veio uma mensagem de otimismo exagerado em tempos de guerra:

Tá chegando a época da colheita. Alegrai-vos. Jesus é o dono da vinha. Segui adiante. Os espíritos do iluminismo da França de Kardec estarão todos de volta em uma década. Pode lhes parecer estranho, mas o mundo velho já passou. A violência agoniza porque se despede, a sombra enlouquece porque está isolada. O mundo de paz já chegou. Vós o vereis — real e prático. Talvez vosso corpo já não seja mais jovem, mas o vereis. Muita paz.

Adriana de Jesus.

A mensagem chega logo após a explosão de bombas em trens de Madri em atentado terrorista que matou mais de duzentas pessoas.

E é agora. O médium me encara e diz:

— Esta é para você. É impressionante esta mensagem.

Tia Lourinha?

Não pergunto.

Ele inicia a leitura:

Havia um jovem camponês que prometeu a sua família que iria para cidade grande. Ele morreu, seu corpo foi destruído pela febre amarela. Ele chegou a cidade grande. Renasceu. É o nosso caríssimo Marcel. As suas letras são tuas e daquele que te ampara. O religioso que comandava a cidade em que moraste na Espanha.
Não duvides. Vais contar ao mundo as coisas da espiritualidade. Paz.

Velloso Abranches.

Chico Xavier costumava repetir a quem buscava informações ou arriscava palpites sobre encarnações passadas: "O que importa é esta vida. Já temos trabalho demais aqui e agora. Vamos trabalhar".

O trabalho continua... e nenhuma notícia da tia Lourinha.

O médium encerra a leitura das mensagens da noite com uma série de perguntas:

— O que será isto? Será que isto tudo vem da minha cabeça?

— De onde você acha que vem? — devolvo a pergunta.

— Eu não sei. Só sei que, enquanto escrevo, nada parece fazer sentido. Só quando leio é que entendo, realmente, o que escrevi.

Os poderes da "epífise" não são mistérios para o professor. A comunicação, ele sabe, é mental.

— Com certeza há uma lentificação das ondas cerebrais no nível pré-frontal — ele avalia em tom professoral.

O próprio médium sente a necessidade de provas sobre a autenticidade dos fenômenos vividos por ele.

Quando passou para o papel a mensagem de tia Lourinha, numa dessas sessões privadas, ficou inseguro e demorou dois dias até ter coragem de me telefonar. Para ele, Lourinha era um nome improvável demais.

Só por pressão da mulher, ele decidiu me contatar.

— Como eu posso ter certeza absoluta da autoria destas mensagens? Eu questiono sempre, o tempo todo.

Ele só não tem dúvidas sobre o quanto seu estado mental fica alterado.

— Sinto uma espécie de êxtase psíquico.

Durante o transe mediúnico, ele não vê os espíritos comunicantes, mas escuta vozes e "conversa" com elas. Um diálogo silencioso e, às vezes, tenso.

— Quem me garante que você não é um mistificador? — ele costuma checar nesses contatos com o "outro mundo".

Alguns de seus interlocutores recomendam:

— Analise o que estamos falando e use o bom senso.

Uma das mensagens chegou para o médium quando ele iniciava a produção de um programa de TV espírita, com dinheiro contado e absoluta falta de experiência no ramo. Era a estréia dele como diretor, apresentador, entrevistador e produtor.

O destinatário da mensagem era ele mesmo. O remetente, um profissional ilustre do setor, ex-diretor da TV Globo, fã número 1 de Chico Xavier.

Prezado amigo,

o trabalho da difusão do Espiritismo exige paciência, disciplina e sobretudo sabedoria. Na Terra, na minha última encarnação, conheceram-me pelo nome de Augusto César Vanucci. O trabalho que estamos realizando ao seu lado é longo e planejado. Há equipes ligadas ao trabalho em todo o Brasil. Núcleos espalhados por toda parte. O nosso é apenas um deles. Espero que você consiga superar com sabedoria os obstáculos do caminho.

Entre as maiores dificuldades desta jornada junto aos veículos de massa, destaco dois desafios a vencer: os convites da vaidade e do erotismo e o problema do dinheiro. Se vocês souberem vencer tais apelos, a jornada será de luz. Acreditem. Os dois obstáculos citados foram fatores de queda em minha experiência. Agora estamos confiantes de que vocês conseguirão vencer. Sou o amigo que colabora nesta nova jornada.

Augusto César Vanucci.

— De onde vêm estes textos?

Ele repete a pergunta.

Falta convicção, mas não falta disposição a ele para buscar provas mais consistentes.

O médium pede minha ajuda... e abre uma pasta de cartolina.

É ali que guarda mensagens psicografadas por ele, ao longo dos anos, e endereçadas a destinatários desconhecidos.

— Nunca consegui entregar uma carta. Você me ajudaria? Se você conseguir confirmar a autenticidade de 70% deste material...

Lá estão garranchos de todos os tamanhos e formas. Um correio espiritual sem endereço de entrega, uma "caixa postal" arquivada à espera de um portador.

— Você me ajudaria a localizar os destinatários? — pede.

Prometo ajudar e logo me arrependo.

Os textos soam como charadas. É como se a antena do jovem professor captasse mensagens esparsas, pedidos de socorro e de perdão sem origem e sem destino certos.

Um deles:

Agradeço pela oportunidade. Não é fácil escrever por enquanto. Meus filhos estão desolados com minha partida. Sou o engenheiro Luiz Caldas de Freitas (funcionário da Petrobrás).

Agradeço a oportunidade.
Envio a minha família meu carinho,

Luiz de Caldas.

Outro:

Peço ajuda.
Ilhéus, minha cidade natal, lamenta minha morte.
Apesar de conhecer o Espiritismo, não fui digno dele.

Maurício Santana.

Mais um:

Preciso explicar-me.
Sou uma pessoa que foi condenada à morte. Estuprei e matei. Sou um assassino de Los Angeles. Estou alienado mentalmente. Alguém me ajuda a escrever. Minha mãe está viva e muito doente. Meu irmão é advogado e eu peço ajuda. Perdoe-me o mundo, a América e Deus.

Junior Yeslet.

Outro:

Solidão, abandono, revolta e tristeza. Eu mantinha uma caixa de uísque guardada, mas nunca imaginei que chegasse um dia a tirar minha própria vida. Sou Fernando Floriano, um ex-prisioneiro do regime militar no Brasil. O meu cadáver foi jogado no mar. Não resisti aos maus-tratos. Hoje estou sofrendo as conseqüências do meu gesto. A minha família está recebendo o dinheiro da minha morte. Peço preces. Arrependo-me porque não aceitei meu destino. Agradeço por esse encontro.

Fernando Floriano.

O médium lê a mensagem em voz alta e pergunta:

— Será que este Fernando existiu mesmo? Se não for verdade, vou me transformar em autor de ficção.

São muitas as mensagens e os mistérios.

Caros irmãos, eu desencarnei de forma muito trágica e fui trazida hoje aqui para testemunhar minha sobrevivência. [...] *Vejam vocês: quando em vida nunca pude vir a Brasília, apesar de ser uma cidade que sempre admirei. Sempre quis visitá-la.*
Fui a quarta aluna no concurso do Balé Russo que veio ao Brasil e fui aprovada no concurso. No entanto, o que eu não imaginava era que a vida terminaria antes de começar os ensaios. O trem que me levava de volta a minha cidade natal desencarrilhou e eu desencarnei há mais ou menos 15 anos. Sou a filha mais velha de um importante jornalista no Brasil. Clarice Sales.

A última:

Brasília, 8 de maio de 2001. Papai, peço perdão pelo ato que tive. Todos me advertiram que eu não deveria usar drogas. Naquela noite, dois amigos meus, o Carlos e o Flávio Antonio, convidaram-me a conhecer o Bar que inaugurou na data em que eu desencarnei citada acima... Bebemos muito e, no final, fomos usar cocaína. Não resisti e o coração parou às 3 e quarenta da madrugada do dia seguinte. Perdão, papai. Perdão, mamãe. Seu fillho, André Gustavo Freitas.

O médium chegou a consultar os arquivos do cemitério Campo da Esperança, em Brasília, mas não encontrou pistas do paradeiro de André Gustavo Freitas.

Inicio, deste ponto, a minha pesquisa. Ligo mais uma vez para o cemitério e recebo a mesma resposta. Recorro, então, aos arquivos do segundo maior cemitério de Brasília — localizado na cidade-satélite de Taguatinga — e nada. Nenhum André Gustavo Freitas.

O próximo passo é checar a identidade de Fernando Floriano, o "ex-prisioneiro do regime militar no Brasil". Se — como ele diz — sua família recebe pensão do governo, seu nome deveria constar da lista de mortos e desaparecidos da ditadura militar divulgada pelo Grupo Tortura Nunca Mais. Há quatro Fernandos na lista. Nenhum deles se chama Fernando Floriano.

E quem seria Clarice, a "filha mais velha de um importante jornalista no Brasil"? Penso em Herberto Sales, filho de Heráclito Sales, e descubrou que ele teve sim três filhos. Entre eles, uma menina. O nome dela: Heloísa.

E uma última decepção: nos arquivos da Petrobrás não consta o nome de um ex-engenheiro chamado Luiz Caldas de Freitas.

As cartas psicografadas pelo médium da "tia Lourinha" estão publicadas aqui. Se algum destinatário se identificar com o conteúdo delas, favor entrar em contato... O carteiro agradece. E o médium também.

Notícias do mundo de lá

As cartas dos mortos para suas famílias — as chamadas "mensagens particulares" — assombram os céticos, consolam pais em desespero após a morte dos filhos e dividem opiniões. Se a escrita mediúnica de poemas, crônicas e romances é um terreno movediço, a psicografia de mensagens particulares é um terreno minado.

É possível forjar mensagens psicografadas? É.

É possível reunir o máximo de informações possível sobre determinadas famílias e construir mensagens dos espíritos a partir desses dados e das lições básicas do espiritismo? É.

Só depois de completar quarenta anos de intercâmbio com o outro mundo, em julho de 1967, Chico Xavier passou a pôr no papel, em sessões públicas testemunhadas por multidões, as mensagens dos mortos para as famílias na Terra.

Estamos vivos.

Estamos bem.

Fiquem tranqüilos.

O portador das estrofes de Olavo Bilac e Augusto dos Anjos e das crônicas de Humberto de Campos seria agora o porta-voz de ilustres desconhecidos.

Ronaldo Malafronto, 23 anos, aneurisma cerebral. Carlos Marino Vochi, dezesseis anos, acidente de carro. Vera Cruz Bertoni, 49 anos, parada cardíaca. João Luis Palatinus, 26 anos, queda do quarto andar do prédio.

Todos eles iriam ressuscitar na ponta do lápis de Chico Xavier, no Grupo Espírita da Prece em Uberaba, para consolar suas famílias e divulgar a mesma mensagem: a morte não existe.

Emmanuel deu o sinal verde e Chico foi para o *front* mais uma vez. Aos 57 anos, iniciou a fase mais exaustiva de seu "mandato mediúnico": o contato direto e permanente com a dor da perda e o desespero de famílias em busca de notícias de seus mortos e — o mais importante e delicado — de uma prova irrefutável da sobrevivência do espírito.

De 1967 a 1987, as sessões semanais de psicografia eram realizadas às sextas e sábados no Grupo Espírita da Prece, de acordo com uma programação fixa. Das 14h às 18h, Chico conversava com sessenta visitantes organizados em fila para uma consulta prévia, anterior à sessão. Os primeiros a chegarem garantiam seu lugar entre os candidatos a uma mensagem do além.

Informações básicas eram fornecidas a Chico: o nome do "desencarnado", o nome do "solicitante", data e causa da morte.

Depois das entrevistas, que duravam entre cinco e dez minutos cada, Chico se isolava em outra sala para prescrever receitas e orientações solicitadas por visitantes em fichas específicas para esses receituários. O doutor Bezerra de Menezes, o médico espiritual, auxiliaria Chico nesta função.

Às oito da noite, o médium se sentava à mesa do salão principal do centro, fechava os olhos e deixava o lápis deslizar sobre o papel, diante de uma multidão silenciosa e emocionada.

Só no final da sessão, Chico convocava os destinatários da noite — seis a oito em média — para se aproximarem da mesa. De pé, diante da platéia silenciosa, os eleitos ouviam a leitura das cartas endereçadas a eles. O próprio Chico lia os textos.

As crises de choro se sucediam. Eram muitos os detalhes sobre as circunstâncias da morte, os relatos sobre a vida do lado de lá e as referências a amigos e parentes vivos e mortos.

> *Nossas irmãs e os cunhados José e Wilson, sempre amigos, nosso Álvaro, nossos queridos Flávio e Cristiano, com a sua imagem materna em meu coração, prosseguem comigo, como não podia deixar de ser.*

Palavras de Volquimar, 21 anos, morta no incêndio do edifício Joelma em São Paulo.

Num parágrafo, cinco nomes. Em toda a mensagem, treze — entre eles os das irmãs Volnéia e Volnelita —, todos escritos a jato por um Chico de olhos fechados.

A vida continua. Era esta a esperança — ou a convicção — propagada em parágrafos como estes. Para muitas famílias, a primeira mensagem surgia com a força de uma nova certidão de nascimento.

O filho estava longe, sim, mas estava vivo e feliz, pronto para recomeçar. De repente, a morte se transformava numa viagem para outro país, um outro planeta.

— É ele. É ele — mães repetiam aos prantos enquanto reconheciam seus filhos nas cartas.

Muitas famílias seguiam a mesma trajetória depois de receber a mensagem. Imprimiam o texto em folhetos — com o cuidado de destacar evidências exibidas na carta — e o panfletavam como prova da vida depois da morte.

Muitas delas passavam a se dedicar à caridade, de acordo com o conselho de Chico — "ajuda o outro e você vai estar se ajudando" — e com pedidos feitos pelos próprios remetentes nas mensagens psicografadas.

> *O fardo mais pesado que se carrega no mundo somos nós mesmos, quando não dividimos o tempo e a vida em favor de outras pessoas.* [Rosemari Daurício]
> *Caridade é o melhor negócio da vida. A pessoa ajuda e recebe muito mais do que dá.* [Jair Presente]

Agradeço à mãezinha Yone quando fez lembrar o meu aniversário inexpressivo em que as centenas de crianças em creches me fizeram chorar de alegria. [René Oliva Strang]

De carta em carta, uma rede de solidariedade se formava em todo o Brasil e uma multidão se aglomerava no centro de Chico para tentar atenuar a dor e a saudade devastadoras da perda de filhos e outros entes queridos.

Mas nem todos saíam do centro convencidos ou consolados. Muitos desconfiavam do conteúdo e do estilo das mensagens — repetitivas demais — ou se revoltavam com o fato de não receberem notícias do além.

Chico repetia a frase de sempre — "O telefone só toca de lá para cá" —, mas não adiantava.

Para muitas famílias, o silêncio dos mortos queridos era insuportável.

Por quê?

As respostas baseadas na doutrina de Allan Kardec ou nas informações dos "mentores espirituais" não aplacavam a indignação ou a revolta: o espírito está em recuperação, está envolvido em outras tarefas, os benfeitores espirituais estão cuidando dele agora... Nada disto adiantava.

A agonia dos parentes em busca de notícias do outro mundo chegava ao descontrole. Numa noite, em sessão pública, um espírita, amigo de Chico, duvidou da autenticidade de uma mensagem psicografada e cuspiu no rosto do médium.

Chico se enxugou com um lenço, desabafou com os companheiros e, em casa, teve uma crise de choro. Emmanuel, o guia, apareceu para ele com mais uma ordem:

— Quando alguém cuspir no seu rosto, diga simplesmente que a chuva molhou sua face se alguém pedir explicações. Não reclame.

O clima nas sessões era de esperança, desespero e desconfiança permanentes.

Este era um fato. E Chico deveria se acostumar com ele.

As filas não paravam de crescer e as caravanas — ônibus lotados de famílias vindas de todo o Brasil — não paravam de chegar.

Nas bolsas das mães, fotos dos filhos. No rosto e no corpo dos pais, as marcas do sofrimento: magreza exagerada e olheiras profundas de noites maldormidas.

São pais que precisam acreditar, desesperadamente, que as "crianças" — independente da idade que tenham — estão vivas e amparadas na outra dimensão. Famílias que precisam se livrar da culpa por não terem conseguido evitar a tragédia ou se livrar de dúvidas insuportáveis sobre as circunstâncias da morte. Suicídio? Assassinato? Tiro acidental? Muita dor?

Gente que precisa, enfim, ouvir dos próprios filhos a frase definitiva: "Vocês não têm culpa, eu não tenho culpa. O que aconteceu estava escrito, era um compromisso assumido em outras vidas, um resgate inevitável".

A atriz Nair Belo, católica até hoje, era uma das mães na fila do Grupo Espírita da Prece, em Uberaba, numa tarde fria de julho de 1977. Ela precisava entender e aceitar a morte do filho Manoel Francisco Neto, de vinte anos, num acidente de carro dois anos antes.

Manoel — ou "Mané" para os íntimos — estava ao volante do automóvel quando bateu numa árvore numa rua perto da casa onde vivia com a família em São Paulo.

Foram cinco dias de coma até a morte.

Começou ali o desespero de Nair e do marido Irineu. Durante muito tempo, a família foi castigada por uma suspeita: a de que Manoel teria cometido suicídio. O acidente poderia ter sido proposital.

Pouco antes do desastre, Manoel — a cada dia mais recluso e silencioso — abandonou a faculdade e o emprego e interrompeu o noivado com uma jovem do Rio de Janeiro. A impressão era de que ele estava rompendo todos os vínculos de uma vez só.

Nair vivia atormentada por essa desconfiança e por outras dúvidas comuns a muitos pais que perdem filhos: "Por quê? Será que eu não poderia ter evitado isto?".

Com a palavra, Manoel:

Querida mamãe, meu pai, este é o momento do Mané criança e preciso pedir a bênção. Não sei muito bem como escrever aqui...

É assim que começa a carta escrita por Chico e assinada pelo "Mané".

Um longo texto repleto de nomes — Vovó Maria, Dr. Trajano, D. Maria Angélica de Vasconcellos, bisavô Souza, Oduvaldo — e pontuado por respostas pedidas por Nair em "conversas" solitárias com o filho morto.

> *As vezes, o Mané casmurro que eu era, falava em mundo difícil de agüentar e fazia alguma referência que pudesse dar a idéia de que, algum dia, ainda forçaria o portão de saída da Terra.*
> *Mas estejam convencidos de que o carro deslizou sem que eu pudesse controlá-lo. A visão não estava claramente aberta para mim, porque sentia em torno uma névoa grossa e a manobra infeliz veio fatal e com tamanha violência que a tese de suicídio não devia vir à baila.*

Nair e o marido estavam no Grupo Espírita da Prece quando Chico começou a ler a mensagem ao fim da sessão. Naquele instante, Manoel pareceu ressuscitar diante deles. O ceticismo ia sendo quebrado a cada parágrafo, a cada nome de família, a cada informação nunca comentada antes com Chico ou com seus assessores.

> *Nas alucinações ouvia os seus pensamentos* [os pensamentos de Nair]*: "O que terá você feito, filho? Manoel, conte para sua mãe a verdade. Fale se você não mais nos quis!"*

As notícias vindas do "outro mundo" convenceram e consolaram os pais de Manoel. Mané continuava vivo — esta era a lição — e estava cada vez mais equilibrado.

> *Estou aprendendo aquela ciência em que você e meu pai sempre me quiseram bem formado, a ciência do diálogo. Estou aprendendo a sair de mim mesmo e a ouvir para responder certo. Penso que consegui o que desejava: sossegar meu pai e minha mãe, acerca do acidente de que fui vítima.*

Nair não teve dúvidas. Como centenas de mães pelo Brasil, transformou a mensagem em folheto e passou a divulgar sua fé na sobrevivência do espírito.

Muitos tentam acreditar e não conseguem.

As dúvidas de décadas atrás ainda são as mesmas nos centros dedicados ao "intercâmbio" entre vivos e mortos.

Por que o estilo das mensagens é tão parecido e, muitas vezes, não reflete o estilo e o vocabulário dos remetentes quando vivos?

Por que um médium psicografa às vezes dezenas de mensagens do mesmo espírito e não "dá a palavra" a outros comunicantes?

Respostas a estas perguntas são dadas nos livros básicos do espiritismo assinados por Allan Kardec. De acordo com *O livro dos espíritos* e *O livro dos médiuns*, por exemplo, o médium é um intermediário e, ao captar e transmitir as comunicações do além, está sujeito a interferir no estilo e no conteúdo da mensagem.

O grande desafio do psicógrafo é reduzir, ao mínimo possível, esta interferência para filtrar e refletir, com o máximo de precisão, os recados do além. "Sintonia" é palavra-chave neste processo e é ela que explica o fato de um mesmo médium servir de canal para uma série de mensagens do mesmo espírito.

Informações como estas não convencem nem consolam famílias em busca de provas irrefutáveis da sobrevivência dos seus entes queridos.

Mais do que nomes, sobrenomes, apelidos de famílias, eles buscam nos textos expressões usadas pelos parentes mortos, lembranças vividas na intimidade da família e nunca compartilhadas por outros. Informações que, muitas vezes, não aparecem nos parágrafos psicografados.

Kardec também escreveu sobre esta busca inglória. Em artigo publicado na *Revista Espírita* de julho de 1866, ele tratou da "evocação de provas de identidade" e do impacto causado por esta cobrança e esta expectativa em alguns médiuns.

> *Suas fibras cerebrais ficam tensas por esse desejo e deixam de ser bastante maleáveis para que o espírito as faça moverem-se à sua vontade. Daí se segue que as palavras características não podem ser reproduzidas. O pensamento fica, mas a forma não mais existe.*

— Todo médium é falível — Chico repetia sempre, com medo de errar.

Um novo inquérito

O autor de *best-sellers* espíritas como *Nosso lar* ainda estava no auge da psicografia de mensagens particulares, em 1974, quando uma equipe de "investigadores" desembarcou em Uberaba com a missão de apurar a autenticidade das mensagens do além.

Quarenta anos depois de Clementino de Alencar, Paulo Rossi Severino, do jornal *Folha Espírita*, e uma equipe da Associação Médico-Espírita de São Paulo (AME-SP) iniciaram o trabalho de campo no Grupo Espírita da Prece.

O compromisso assumido por eles, desde o início, era o de atuar com o máximo de objetividade e imparcialidade. O fato de serem espíritas não poria em risco a credibilidade da pesquisa e a liberdade de questionar cada mensagem — e a origem dela.

Uma pergunta-chave nesse processo era feita a cada família investigada:

— O que vocês revelaram a Chico antes da sessão?

Outra pergunta importante:

— Quantos encontros vocês tiveram com o médium até receberem a primeira mensagem?

O desafio era descobrir, em cada texto, informações desconhecidas pelo médium e seus assessores.

O grupo de pesquisadores trabalharia com as seguintes hipóteses para explicar a origem das cartas-mensagens: fraude deliberada (baseada em pesquisa e memorização de dados colhidos em jornais, revistas, TVs ou cartas enviadas ao médium), percepção extra-sensorial (ou telepatia) e psicografia mecânica.

As entrevistas com as famílias duravam, em média, três horas e eram acompanhadas também pela coleta de fotos dos comunicantes e cópias das mensagens originais.

Um dos casos mais impressionantes apurados por Paulo Rossi e sua equipe foi o de Volquimar Carvalho dos Santos, a jovem de 21 anos morta no incêndio do edifício Joelma em São Paulo. Ela trabalhava no setor de processamento de dados no 23º andar do prédio, um dos mais castigados pelo fogo.

Na véspera da morte, Volquimar faltou ao serviço para preparar a documentação necessária à matrícula na Universidade de São Paulo, na qual tinha sido aprovada no vestibular para o curso de Letras.

A tragédia levou a mãe dela, Walkyria, ao desespero.

Quarenta dias depois do incêndio, Chico Xavier foi a São Paulo participar do lançamento de um livro. Dona Walkyria acordou cedo e foi a primeira pessoa da fila a abraçar o médium. Ao cumprimentá-lo, ela resumiu seu drama:

— Perdi minha filha no Joelma.

Chico pediu para a mãe esperar até o fim do evento. Foi uma longa espera. A fila de cumprimentos e autógrafos se arrastou madrugada adentro. Ao se despedir de Walkyria, Chico citou o nome de Volquimar sem nunca tê-lo ouvido antes e garantiu: a jovem estava em tratamento e logo ficaria bem.

Dois meses depois, em maio de 1974, Walkyria se encontrou com Chico em Uberaba e ouviu dele uma revelação:

— Volquimar está dizendo que deixou no quarto um objeto para comunicação mediúnica entre ela e a senhora.

Dona Walkyria negou a existência de qualquer instrumento daquele tipo em casa.

Chico insistiu e deu detalhes:

— É uma cartolina com letras e números, com as palavras Sim, Não e Adeus e com um pequeno cartão acoplado.

Ao voltar para São Paulo, dona Walkyria encontrou a cartolina e todos os acessórios citados por Chico entre os objetos da filha. As letras e números eram utilizados de brincadeira por Volquimar, em sessões espíritas improvisadas, para formar frases de acordo com as orientações do "espírito comunicante", um método tosco de comunicação, sujeito a fraudes e auto-sugestão. Quem moveria as peças seria um participante da sessão, um "médium" induzido pelo invisível.

Durante algum tempo, logo depois da descoberta do material, foi esse o método utilizado por dona Walkyria para se comunicar com a filha.

No dia 13 de julho de 1974, seis meses depois da tragédia, a comunicação entre mãe e filha seria mais direta e mais precisa.

Grupo Espírita da Prece, Uberaba. Chico Xavier fecha os olhos mais uma vez e o lápis desliza sobre o papel em velocidade. É uma longa mensagem. Num dos parágrafos, o cartão é mencionado de novo:

> *E parece um sonho, mamãe, estarmos juntas através das letras, do entendimento desejado. Não mais o cartão do alfabeto em que os movimentos vagarosos demais nos impedem a idéia de correr como desejado. Aqui é de alma para alma nas palavras que anseio impregnar de amor sem conseguir.*

Em outro parágrafo, uma informação desconhecida por Chico Xavier:

> *Estou satisfeita por ter adquirido um apartamento mais compatível com nossas necessidades. Fui eu mesma, com o auxílio de meu avô*

e de outros benfeitores, quem lhe forneceu a idéia de aproveitarmos a ocasião para a compra.

Volquimar tinha feito um seguro de vida. Com o dinheiro recebido após a morte da filha, dona Walkyria, beneficiária do seguro, comprou um novo apartamento. A filha aprovou sua decisão.

Esta foi uma das mensagens investigadas pelo grupo.

Como explicar a menção à cartolina desconhecida por Walkyria? Esta é a dúvida central. O episódio do seguro de vida pode ter sido comentado pela mãe ou seus acompanhantes durante um desabafo no centro e, por isto, deve ser descartado como evidência.

Foram muitos os casos intrigantes apurados por Paulo Rossi Severino e sua equipe.

Roberto Muszkat tinha dezenove anos quando morreu em São Paulo de choque anafilático causado pelo uso de um descongestionante nasal. Uma morte absurda, quase incompreensível, provocada por uma reação alérgica súbita e fatal.

A desolação levou os pais de Roberto, o médico David Muszkat e a mãe Sônia, a pedir socorro a Chico Xavier em Uberaba. A carta assinada por Roberto no dia de seu vigésimo aniversário — 14 de março de 1979 — surgiu no Grupo Espírita da Prece repleta de palavras desconhecidas. David, o pai, ajudou Chico a ler a mensagem diante do público, ao fim da sessão, e a traduzir o sentido das frases indecifráveis.

A seguir, o relato do momento da morte:

Preparava-me para o descanso, depois de haver medicado o trato nasal, quando senti no peito algo semelhante a uma pancada que me alcançou todas as redes nervosas. Tentei falar mas não consegui. Um torpor suave se seguiu ao fenômeno e notei que um sono compulsivo me invadiu a cabeça. Percebi, intuitivamente, que me deslocava do corpo, embora permanecesse vinculado a ele, quando, em meio do esforço para definir o que sentia para a análise de meu próprio raciocínio, ouvi nitidamente sobre mim a voz inesquecível de alguém pronunciando as palavras santas:

> *"Baruch Dajan Emét"* [...]
> *Foi quando tomado de estranha sensação de bem-estar escutei ainda as palavras:*
> *"Leshaná Habaá bi-Yeru-shalayhim"* [...]

David Muszkat explicou à platéia atônita o significado daqueles sons inéditos:

"Baruch Dajan Emét": "Abençoado seja o Juiz da Verdade".

"Le shaná Habáa bi-Yeru-shalayhim": "Ano que vem em Jerusalém".

A carta explicava essas citações:

> *Compreendi que era um adeus e dormi com a tranqüilidade de uma criança. Mais tarde soube que meu avô Moysés Aron ditara em meu favor aqueles vocábulos santos para que me aquietasse, contando com os imperativos do Mais Alto.*

Esta foi a segunda carta de Roberto psicografada por Chico em Uberaba. Os incrédulos levantariam a hipótese de Chico ter aprendido aquelas sentenças em hebraico entre a primeira e a segunda visita da família.

Ele também se teria dedicado a estudar os rituais judaicos para citar, na mesma mensagem, o hino "Shalom, Aleishem" [A paz esteja convosco] e mencionar o fato de o avô de Roberto ter abençoado o neto no outro mundo com o "Maguem David" [a Estrela de Davi].

A desconfiança, Emmanuel repetia, seria permanente. Nenhuma prova seria irrefutável para quem insistisse em duvidar.

E Chico ia em frente.

— Quando apontarem o dedo para você e disserem que você é um santo, você saberá que não é. Quando disserem que você é um impostor, você também saberá que não é — foi este o conselho dado por Chico a Celso de Almeida Afonso quando ele, Celso, passou a psicografar mensagens particulares em Uberaba também. Um conselho que Chico adotava para si mesmo com resignação.

O importante, para ele, era consolar as famílias e divulgar a doutrina espírita de mensagem em mensagem. Muitos visitantes saíam do centro com livros de Kardec embaixo do braço, decididos a investir em obras sociais em suas cidades.

Estavam em jogo naquela correspondência entre dois planos muito mais do que a vaidade ou o orgulho do médium. Eram as vidas de famílias inteiras, as dores de multidões sem forças para sequer se levantar da cama. Gente atormentada por dúvidas aterradoras como dona Elza Telles Leão, mãe de Lineu, morto num carro em chamas em Campo Grande, no dia em que completaria 27 anos.

Será que ele sentiu muita dor? Quanto tempo durou sua agonia no fogo?

Só depois de receber a mensagem de Chico Xavier — quatro meses depois da tragédia —, dona Elza conseguiu voltar a dormir e a comer. Ela não se conformava com o fato de o carro do filho ter sido atingido por um caminhão quando estava parado num sinal e não suportava imaginar o filho preso às ferragens, em meio às chamas, sem conseguir escapar.

Através de Chico, Lineu atribuiu a uma intensa hemorragia interna a causa de sua morte.

> *Se o fogo desmantelou o meu carro, não me alcançou de modo algum.*
> *Mãe, peço-lhe coragem e fé em Deus.*
> *As queimaduras mencionadas nas perícias tanto me tocaram como as chamas atingem a roupa de alguém sem ferir esse alguém.*

Uma das cartas que mais impressionaram Paulo Rossi e sua equipe foi assinada por Jair Presente, filho de José e Josefina, morto aos 24 anos, vítima de afogamento.

Num trecho da carta psicografada em 19 de julho de 1975, Jair cita a presença a seu lado de um rapaz chamado Irineu Leite da Silva, definido por ele como um "moço do fino que vestiu paletó de madeira em 7 de julho passado".

E deu mais detalhes:

Estava eu entre aqueles que trabalhavam no Parque Flamboyant [cemitério de Campinas], *quando ele foi considerado pessoa de sono eterno. Mas acordou junto de nós e estava bem.*

Os pais de Jair nunca tinham ouvido falar naquele nome e não havia parentes ou conhecidos de Irineu na sessão do Grupo Espírita da Prece.

Era preciso localizar a família do "morto".

E começou a investigação.

Sueli, irmã de Jair Presente, telefonou para o administrador do cemitério em busca de registros de Irineu e ficou decepcionada: não havia nenhum sinal de alguém com aquele nome enterrado ali.

Ela não desistiu. Consultou o arquivo do jornal local, o *Correio Popular*, e encontrou, então, a notícia da morte de Irineu em acidente de carro.

Um segundo telefonema para o cemitério esclareceu o mistério: o morto tinha sido enterrado com outro nome — Pirineu —, e, por isto, o verdadeiro não constava dos arquivos do cemitério.

Os mais descrentes também têm argumentos para questionar a autenticidade da mensagem. Por exemplo: Chico pode ter tido acesso a essa edição do jornal de Campinas ou à notícia da morte de Irineu e essa informação pode ter ficado registrada na sua memória ou no seu inconsciente.

Mas e a cartolina com letras e números? Como explicar?

A pesquisa realizada por Paulo Rossi Severino, com o apoio de Maria Julia de Moraes Prieto Peres e Marlene Rossi Severino Nobre, gerou o livro intitulado *A vida triunfa*. A equipe estudou 45 casos entre cem catalogados pela *Folha Espírita* e, a partir de dados colhidos por um questionário padrão, chegou a conclusões reveladoras sobre o perfil dos destinatários das mensagens e o conteúdo básico divulgado nos textos.

Alguns números levantados:

Sobre o conteúdo das mensagens:

1) 100% dos comunicantes relatam a presença e o apoio de parentes e amigos "desencarnados" no lado de lá.

2) 68,9% das mensagens citam de um a três parentes e/ou amigos desencarnados desconhecidos pelo médium.
3) 75,6% dos comunicantes descrevem as circunstâncias da morte.
4) 82,2% deles pedem para as famílias cultivarem pensamentos positivos.
5) 44,4% aconselham as famílias a investirem na caridade.

Sobre a relação das famílias com o médium e as mensagens recebidas:

1) 42,2% das famílias reconhecem nas cartas o estilo peculiar dos comunicantes.
2) 35,6% definem como idênticas as assinaturas dos comunicantes psicografadas pelo médium.
3) 42,2% definem as assinaturas como diferentes das originais.
4) 93,3% das famílias não conheciam o médium antes da morte dos comunicantes.
5) 42,2% procuraram o médium uma única vez até receber a mensagem.
6) 33,3% tiveram de dois a três contatos com o médium até receberem a mensagem.
7) 100% das famílias declaram 100% de acerto nos dados informados pelos comunicantes.

Um dado a ser avaliado: nas 45 mensagens psicografadas por Chico e selecionadas pela equipe de pesquisa, estão listados mais de cem nomes próprios, além dos nomes e sobrenomes completos de cada comunicante, muitos deles com assinatura idêntica às originais. Todos esses nomes foram escritos por Chico, de olhos fechados, sem pausas, nas sessões públicas de Uberaba. Em nenhuma das mensagens, ele misturou nomes e sobrenomes, confundiu filiações ou causas de morte.

Conclusão do estudo:

As evidências da sobrevivência do espírito são muito fortes. A vida é uma fatalidade, segundo o depoimento desses 45 companheiros que se expuseram, por inteiro, revelando as nuances de suas personalidades através das mãos humildes do medianeiro.

Parte II
Uberaba hoje

Dois anos depois da morte de Chico Xavier, as famílias em busca de mensagens psicografadas têm dois caminhos a seguir em Uberaba: o Centro Espírita Aurélio Agostinho, onde o ourives Celso de Almeida Afonso atende ao público nas noites de segunda e sexta-feira, ou o Centro Espírita Pedro e Paulo, onde o dentista Carlos Baccelli faz o intercâmbio com o outro mundo nas manhãs de sábado e domingo, a partir das quatro horas da madrugada.

Acompanhei sessões nos dois centros, conversei com os médiuns e colhi depoimentos de famílias em busca de notícias dos parentes mortos, para registrar, com o máximo de isenção, as impressões colhidas neste território de dor, esperança e desconfiança da psicografia.

Vamos acompanhar agora as descobertas, surpresas e decepções desta pesquisa de campo.

A mãe sem filhos

Noite de sexta-feira, 19 de março de 2004. Centro Espírita Aurélio Agostinho, Uberaba. O médium Celso de Almeida Afonso, 63 anos, pai de três filhos, avô de oito netos, vai passar para o papel mensagens dos mortos para suas famílias.

Durante o dia, ele trabalha como ourives numa loja acanhada no centro da cidade. A bancada de madeira onde estão as lupas, alicates e outros apetrechos de trabalho é como a de outras oficinas do ramo a não ser por um detalhe: a profusão de fotos de jovens e crianças e as imagens de Chico Xavier e de Jesus Cristo penduradas numa das paredes ao fundo.

Celso seria apenas ourives se não fosse a influência de Chico Xavier.

O primeiro encontro entre os dois aconteceu em 1957, em Sacramento, cidade mineira onde morava o futuro discípulo, então com dezesseis anos. Naquela ocasião, Chico foi à cidade acompanhado por Waldo Vieira, seu companheiro de psicografia na época, para participar de mais uma homenagem a seus trinta anos de mediunidade.

Entre os convidados da festa, estava Celso, um tanto contrariado por ter sido arrastado pela família até lá. Qual a graça daquele senhor tão estranho? Na época, Celso via com desconfiança e medo os fenômenos espíritas. Sua vida estava prestes a mudar.

De repente, uma mulher pediu um autógrafo ao homenageado e Chico disse em voz alta:

— Só se o Celso me emprestar uma caneta.

Celso, o rapaz mal-humorado, estava por perto e teve uma reação inusitada e inexplicável: agarrou aquele quarentão esquisito, beijou seu rosto e, aos prantos, prometeu:

— Nesta encarnação vou me comparar a um dedo do pé do senhor.

Chico se encolheu e disse:

— Sou apenas cascalho que serve para machucar os pés de quem passa por mim. Você é luz.

Em seguida, avisou a Waldo Vieira:

— Celso é psicógrafo e vai trabalhar conosco em Uberaba.

O jovem nunca tinha ouvido aquela palavra — psicógrafo — na vida. Só dez anos depois, já em Uberaba, ele cumpriria a profecia de Chico.

Já estava cansado de perder peso e noites de sono e de sofrer com o medo das freqüentes aparições do pai morto. De vez em quando, o vulto surgia ao lado de sua cama. Estas assombrações e a sensação permanente de sair do próprio corpo, à sua revelia, atormentavam o rapaz.

O diagnóstico dos amigos espíritas era curto e grosso: "espíritos obsessores". Celso viveria sob a influência de espíritos de baixa vibração, necessitados de socorro, e, em vez de recorrer a consultórios médicos, deveria visitar centros kardecistas. Ele adiou as visitas até se encontrar com Chico Xavier numa caminhada pelo centro da cidade.

— Tadinho... O que fizeram com o meu filho? — foi assim que Chico saudou o Celso dez quilos mais magro.

Celso resumiu seu drama e ouviu o veredicto:

— São espíritos obsessores sim.

Foi o bastante. Ao ouvir o parecer do mestre, Celso trocou as consultas médicas pelos passes magnéticos e, em pouco tempo, estava recuperado, pronto para iniciar sua trajetória na mediunidade.

Primeiro, ele usou as mãos para aplicar passes nos visitantes de um centro. Só com o tempo, e com a maturidade, passou a se dedicar à tarefa mais complexa e controvertida: a de atuar como psicógrafo.

Aos 42 anos, com o apoio de Chico, Celso — ex-*office boy* e ex-operário de uma fábrica de rolhas —, então empregado como vendedor numa loja de produtos elétricos, decidiu enfrentar os riscos de perder a privacidade, como o mestre, e se tornar alvo de cobranças, desconfianças e insultos dos céticos.

Chico usou um argumento para convencer o discípulo, trinta anos mais jovem do que ele, a ir em frente:

— Pensei que você fosse mais humilde, Celso. Tem medo de ser julgado?

Hoje, 21 anos depois de sua "iniciação", mais de 150 pessoas aguardam o momento em que Celso vai tomar seu lugar na cabeceira da mesa do centro espírita. O ritual, que acontece nas noites de segunda e sexta-feira, vai se repetir mais uma vez: como Chico, Celso vai fechar os olhos, equilibrar o lápis sobre o papel e preencher páginas e mais páginas em branco, em velocidade vertiginosa, com cartas vindas de outras dimensões.

Ao meu lado, num banco nos fundos do salão, está Juraci Cristina Quirino Chaves, dona de casa, 49 anos. Mãe de dois meninos, ela hoje não tem filho nenhum. O primeiro, Felipe, morreu de câncer aos dezesseis anos em 1998. O segundo, Daniel, 25 anos, foi seqüestrado e morto a tiros há dezoito dias em São Paulo.

No dia 21 de novembro de 2002, mãe e filho tinham vivido um momento inesquecível: Juraci doou o rim a Daniel após oito meses de hemodiálise. O transplante, realizado no hospital Albert Einstein, começou às sete horas da manhã e terminou, com sucesso, às três da tarde. Agora Daniel está morto e Juraci está ali, com a cicatriz de treze centímetros na barriga e uma dor sem medida e sem nome no corpo inteiro.

— Dói a cabeça, dói o coração, doem os ombros, as costas, dói tudo — ela diz. — É uma dor absurda. Quando a gente perde o marido, fica viúva. Quando perde os pais, fica órfão. E quando perde os filhos? Fica o quê? Nem nome esta dor tem.

As calças de brim verde que Juraci veste eram de Daniel. O perfume que ela usa também. O relógio digital, no braço direito, antes ficava no pulso do jovem assassinado. Na medalha pendurada ao pescoço, estão as imagens dos filhos, Felipe e Daniel, um de cada lado.

De vez em quando, Juraci retira os óculos, tira lenços de papel da bolsa e enxuga os olhos. As mãos esfriam, esquentam, o coração acelera, parece parar. Falta pouco para a sessão de psicografia começar. Nesta noite, se tudo der certo, Juraci vai receber notícias dos filhos.

— A idéia do nada é insuportável — ela diz.

A sessão começa às 19h 25 com um Pai-Nosso coletivo. Em cada banco, histórias de perda e de sofrimento. De Campina Grande, interior de São Paulo, veio um casal de jovens pais atormentados pela mesma dor: a morte das duas filhas — uma menina de catorze anos e outra de oito — num acidente de carro há sete meses. O pai, Nelson, estava ao volante.

Ao lado deles está Sueli Ranieri, outra mãe movida pela tragédia: a morte do filho de dezenove anos, Roberto Ranieri Costa, o Beto, em acidente de carro no condomínio de luxo no litoral de São Paulo onde a família tinha acabado de construir uma casa.

A tragédia aconteceu no primeiro dia de janeiro de 1998, logo depois da inauguração da casa erguida sob a supervisão de Beto. O jovem já estava no último ano de administração de empresas e sonhava ajudar o pai nos negócios imobiliários.

Os sonhos foram destruídos numa curva no condomínio, em baixa velocidade, logo depois da festa de *réveillon*. Traumatismo craniano.

As primeiras notícias de Beto vieram através de Celso de Almeida Afonso, que a família não conhecia, dois meses depois da tragédia. Na mensagem assinada por ele, um detalhe desmontou o ceticismo do pai, Valdes:

> *Você encontrou o terço e a imagem de Nossa Senhora naquela caixa que sempre guardei, como se fosse o altar de minhas orações. Sei que Nossa Senhora, que viu o filho partir, está ajudando você, mãe.*

Pouco antes do encontro com Celso, Sueli encontrou na última gaveta do armário de Beto uma caixa com a imagem da santa (presente de infância da avó), o terço e a Bíblia da primeira comunhão, e um folheto de São Judas Tadeu.

A descoberta, ela garante, não foi comentada com ninguém até o momento da psicografia.

Desde aquela carta, Sueli se aproximou de Celso e passou a acompanhar muitas mães até o centro dele. Mães e pais marcados pela dor da perda e por um sentimento de culpa comum a muitas famílias que perderam filhos.

— Como eu não pude evitar? Por que eu não estava lá para protegê-lo?

— O Daniel sempre dizia pra mim: "Eu não quero viver neste país. Eu quero me mudar para a Itália" — lembra Juraci durante a sessão.

Três dias antes do seqüestro e assassinato, ela disse para o filho: "Vai viajar, sai um pouco de São Paulo". Ele estranhou a ansiedade da mãe: "Você tá tendo algum pressentimento?". Juraci negou. No domingo à noite, Daniel desapareceu. Às seis da manhã de segunda-feira foi morto.

Desde a doação do rim, mãe e filho estavam cada vez mais próximos. Os atritos de antes — "Daniel era muito turrão" — desapareceram. No último ano, em todos os meses, eles festejaram juntos cada mês passado desde o transplante bem-sucedido.

— Completaríamos um ano, dois meses e três semanas no dia em que ele foi morto — faz as contas.

Juraci também tem outros números na cabeça: um ano, cinco meses e onze dias. Foi quanto durou a agonia de Felipe, o primeiro filho, desde o diagnóstico do câncer até a morte, depois de uma cirurgia no pulmão e da amputação de uma perna.

Estas lembranças vêm à tona enquanto Juraci acompanha a reunião no Centro Aurélio Agostinho. Diante da multidão de pais torturados pela dor e pela saudade, palestrantes se revezam na tarefa de ler e comentar trechos do livro *O Evangelho segundo o espiritismo*, de Allan Kardec.

Uma música clássica suave embala os discursos.

Amai os vossos inimigos.

Quando vemos vítimas de crimes monstruosos, sentimos pena das vítimas, mas devemos sentir mais pena ainda dos criminosos.

É preciso ter coragem de perdoar, coragem de amar.

— Tenho rezado muito pelas mãos que mataram meu filho, pelas mãos que abriram as portas da felicidade eterna para ele — Juraci diz, enquanto enxuga novas lágrimas.

Quatro ventiladores de teto giram sobre nossas cabeças.

Enquanto os primeiros palestrantes discursam, Celso vive — numa saleta nos fundos do salão, à esquerda — o que considera o momento mais difícil da noite. Ao seu lado, está a mulher Silvinha, com quem é casado há quarenta anos, e um dos netos, Gustavo, de quinze anos. Diante deles, uma pilha de fichas, mais de cinqüenta, preenchidas pelos parentes em busca das mensagens dos entes queridos.

As fichas seguem um modelo padrão. São quatro as informações solicitadas: nome de quem busca a mensagem e nome do morto, as datas de seu nascimento e de sua morte.

Estas informações, segundo Celso, são fundamentais para que os espíritos sejam localizados no plano espiritual pela equipe de mentores.

— Espírito não tem varinha mágica — ele explica.

E é ali, na saleta dos fundos, que, segundo o médium, a "espiritualidade" o conecta.

— Os mentores vão fazendo a ligação dos espíritos comigo.

Naquele instante, durante as "ligações", o ambiente é tomado por fragrâncias de perfume, odores nauseantes. Um clima de tristeza e de mal-estar às vezes invade o lugar.

"Conectado", Celso passa, então, a separar as fichas (em média, seis por noite) escolhidas pela "espiritualidade". Às vezes são cem pedidos empilhados numa sessão.

Com a mão esquerda — movida por uma "força invisível" —, ele retira do maço as fichas descartadas. A mão direita separa as fichas dos poucos escolhidos da noite para a comunicação.

A seleção, Celso diz, não depende dele.

Às mães desesperadas por uma mensagem do além, ele costuma pedir:

— Reza, porque prece de mãe arromba a porta do céu e a minha não vai até o telhado.

Ao meu lado, no salão, Juraci consulta o relógio.

Já são quase oito da noite quando Celso toma seu lugar à mesa, tira os óculos e fecha os olhos. Vai começar.

Juraci reza ao meu lado em voz baixa.

— Que o Daniel me dê uma palavra, um alento, porque está muito difícil aceitar, está muito difícil agüentar.

A fila cresce na porta da Câmara de Passes, uma sala onde, à meia-luz, médiuns do centro usam as mãos e as preces para transmitir paz e harmonia aos visitantes. Juraci observa a fila atenta e retira da bolsa uma foto de Daniel.

— Olhe só aquele jovem ali no começo da fila. O terceiro...

A semelhança entre Daniel e o desconhecido impressiona.

— Você fica buscando seus filhos em todo canto — diz Juraci. — Nas fotos, nas músicas, no perfume. É uma busca desesperada.

Agora ela busca os filhos nas mensagens de Celso. A pilha de páginas psicografadas começa a crescer sobre a mesa. A mulher de Celso, Silvinha, organiza cada maço com cuidado.

— Peço muito a Deus que minha fé aumente — diz Juraci. — Eu sinto que meu filho está psicografando agora... E sinto também muito medo de não ser ele...

A mão de Celso desliza sobre o papel e Juraci continua a falar.

— Eu preciso desta mensagem muito mais do que admito para mim mesma.

Agora ela negocia com Deus — ou com Daniel.

— Em hipótese alguma vou duvidar do teor destas mensagens.

Já são mais de nove da noite e Celso continua a psicografar sem pausas, a jato, com a mão esquerda sobre os olhos e o conforto de um apoio de espuma sob o cotovelo. Cada maço de páginas preenchidas a lápis corresponde a um remetente.

Já são quatro as pilhas dispostas lado a lado sobre a mesa.

Uma regra básica (além do preenchimento das fichas antes da sessão) deve ser seguida pelos interessados em receber notícias do além: os pais (ou algum parente próximo) precisam estar presentes à sessão.

As fichas com dados sobre os "desencarnados", obrigatórias nas sextas-feiras, são descartadas nas sessões de segunda à noite. As mensagens, nesse dia, são espontâneas. Às segundas, o perfil do público também muda. A maioria dos visitantes mora em Uberaba, é espírita e conhece bem Celso de Almeida Afonso.

São freqüentadores assíduos do centro, como o advogado Hugo de Carvalho Ramos, ex-cético, que passou a acreditar na vida depois da morte e na sobrevivência do espírito depois de receber a primeira mensagem do filho pelas mãos de Celso, de quem se tornou amigo.

— Na mensagem, havia detalhes da última conversa que eu tive com ele, a sós — lembra Hugo. Sérvio, este é o nome do jovem, morreu dormindo, aos 21 anos, durante a primeira e última viagem que fez com os amigos, sem a presença dos pais. A família já recebeu mais de 130 mensagens assinadas por ele, através de Celso, e já pensa em publicar um livro.

Juraci espera a primeira mensagem.

É a vez de o principal assessor de Celso, Cezar Carneiro de Sousa — companheiro também na oficina de ourives — fazer sua preleção.

— As cartas servirão, todas elas, para todos nós. Todos nós receberemos estas mensagens — diz ele.

A sessão de psicografia está chegando ao fim e é preciso consolar os pais que vão voltar para casa sem notícias dos filhos.

— Nós temos certeza absoluta de que a morte não existe. Amanhã nós vamos nos reencontrar na verdadeira vida, a vida espiritual — garante Cezar.

Agora já são seis as pilhas de mensagens sobre a mesa.

— A comunicação dos nossos familiares é a voz das trombetas — ele define.

Juraci, ao meu lado, se lembra de uma conversa que teve na casa de Celso de Almeida Afonso. Ela e as amigas estiveram lá e na oficina onde Celso e Cezar trabalham, de segunda a sexta-feira, em horário comercial.

No último encontro com as mães, pela manhã, Cezar anunciou entusiasmado: "Hoje tem marmelada, hoje tem goiabada...".

A noite, segundo ele, traria belas surpresas para todas.

Foi o terceiro encontro destas mães com o médium antes da sessão daquela noite. As longas conversas foram marcadas por saudade e lembranças dos filhos.

— Só de chegar em Uberaba e ser recebida por ele, eu já tô muito mais serena — Juraci afirma.

Pronto. Sete maços de mensagens se alinham sobre a mesa. A última mensagem costuma ser assinada pelo "mentor espiritual" de Celso de Almeida Afonso, Adelino de Carvalho, ex-escriturário dos Correios em Uberaba, morto em 1950, com 64 anos.

É hora de rezar o Pai-Nosso mais uma vez. Celso continua de olhos fechados. Um microfone é instalado sobre a mesa. O médium se enxuga com o lenço e põe os óculos, retirados no início da sessão. O silêncio mais profundo toma conta da audiência. Chegou o momento que todos esperavam. A leitura das mensagens.

Celso bebe um gole de água, molha os dedos numa esponja. São nove e meia. Uma hora e meia depois do início da psicografia, ele inicia a leitura.

Juraci acompanha a tudo em silêncio.

"Mamãe Helena..." Esta é a destinatária da primeira mensagem. O remetente cita uma conversa que teve com os pais na Pedra do Elefante, no Rio de Janeiro, e lamenta os problemas de saúde da "vovó Eugênia". Um choro forte irrompe na platéia. Choro de mãe.

E vem a segunda mensagem lida com voz suave por Celso:

"Mamãe Solange..." Esta é a destinatária da mensagem do filho morto de câncer, que aproveita para agradecer as orações das avós. Em determinado momento da leitura, Celso pede a ajuda da mulher, Silvinha, para decifrar uma das palavras escritas por ele. "O processo cancerígeno", diz a mensagem, e o texto continua.

Cada mensagem lida é gravada em fita cassete e o maço (com a fita correspondente) é colocado do outro lado da mesa. No fim da sessão, os pais devem ir até lá buscar a correspondência. As fitas são fundamentais para facilitar a leitura de textos muitas vezes ilegíveis.

A terceira mensagem, assinada por Alessandro Cacciola, arranca choro de duas mulheres na platéia. "Perdoa, pai", ele pede. "Beija por mim a irmã Andressa. Beija a vovó Mafalda."

Soluços tomam conta do salão.

Juraci continua em silêncio, atenta à leitura. E vem a quarta mensagem.

Desta vez a destinatária é Sueli Ranieri Costa, a mãe do jovem acidentado no condomínio de São Paulo. Foi ela — amiga de Celso e Cezar — quem levou ao centro Juraci e os pais das meninas mortas no acidente de carro.

Na carta, a terceira do filho para a mãe psicografada por Celso, o jovem faz uma revelação sobre o seu dia-a-dia na "esfera espiritual": está namorando uma jovem chamada Stephanie e está muito feliz.

Sueli chora... Esta já é a décima sétima comunicação do jovem desde o dia de sua morte.

Juraci acompanha o ritual em absoluto silêncio. E chegou a hora.

As mensagens, a seguir, foram transcritas na íntegra, sem correções.

Mãezinha Juraci,

Sou eu, o Felipe, tenho aqui em uma das mãos algumas flores que desejo colocar em seu coração pedindo a Deus para que sejam elas a paz que eu e o Daniel desejamos entregar a você.
Dificilmente esqueceremos os dias difíceis em que lutamos para conseguir evitar a morte do meu corpo doente. A cada dia admirava mais a minha mãe e penso que, se sou merecedor do anjo que Deus me permitiu estar junto a ele, recebendo o amparo que recebi o que não me entregou a tanto sofrimento, tudo que você me ofereceu e me oferece eu sei é amor.
O que pode valer um rim doado pela vontade de alguém esperando algum retorno, mas aquilo que você me ofereceu com seu amor de mãe tem valor interminável, não me cobrando nada, não me pedindo nada, não sei o que posso fazer para responder a esse seu amor de mãe, mas tô aqui tal qual o pássaro que não sabe trinar, dando as notas de alegria em sua vida se não retorna ao ninho em que se vê protegido.
Quero que você aceite com a máxima fidelidade que faço entregando a você e ao papai Brames a certeza de que o Daniel está bem, mesmo recebendo sedativos que muito tem auxiliado. Vejo no semblante do Daniel a certeza de que ele se vê amparado e pode me escutar pedindo para que ele se mantenha em calma e sem revolta. Se a criatura pode ser tão má, não podemos nos esquecer da bondade de Deus, o que ele oferece para suas criaturas.
Tantas balas penetraram o corpo do Daniel trazendo cada uma a notícia de revolta e ódio, mas não estaremos atirando pedra contra pedra. Deus sabe do que nos é necessário e não nos deixará sem o que nós precisamos da maneira que não deixará a quem cometeu o ato infeliz sem a proteção de pai, que Deus oferece a quem é agredido e a quem agride.
Não se prenda a tantos pensamentos a procura do tipo de dor que o Daniel possa ter passado naquele momento, volto a dizer que ele está bem, digo ainda que estive a pouco junto a ele e o Daniel estava entregue ao sono de paz que ele merece.
Mãe, o vovô José envia benção à filha que ele tanto ama e parabeniza você pela sua coragem.
Nossos beijos à vovó Maria e em todos os nossos.

Assim que puder estarei novamente em nossa casa e quem sabe o Daniel possa me acompanhar. Meu abraço ao papai Brames, com a certeza do meu amor de filho. E a nossa Branca Maria, não esqueço da nossa cachorrinha, nossa amiga.
Beijos e não esqueça dos nossos assuntos de mãe com esse filho que desejo receber todos os dias. Com a certeza de estar recebendo seu amor sempre. Deixo meu coração no seu, para que eu possa permanecer neste céu que pertence a você, mas que nele seu filho tem lugar assegurado.

Felipe Gustavo Quirino Pena Teixeira.

Já não estou mais ao lado de Juraci para conversar sobre a emoção dela. Acompanho a leitura das mensagens a dois metros da mesa. Celso começa a ler a sexta mensagem da noite e um choro desesperado toma conta dos pais da quinta fila.

Papai Nelson, Mamãe Vilma...

Para que vocês estejam certos de que estamos bem, antes do início desta escrita eu e a Vanessa disputávamos quem escreveria para vocês. A Vanessa me pedia Carol deixa eu escrever você não vai dar o recado certo [...] *e eu insistia: Ora, Vanessa, então você me ajuda, mas é eu que vou escrever, não deu outra: só ouvi de minha irmã, Teimosa, Carol, você é muito teimosa.*

São elas, as meninas mortas no acidente de carro: Vanessa e Caroline.

Na longa mensagem, uma frase se destaca: "*Pai, tira da sua cabeça qualquer idéia de culpa e deixa de pensar se isso ou aquilo acontecesse poderia ser evitado o que aconteceu*".

Nelson e Vilma se abraçam e choram juntos. As filhas estão vivas, estão bem, estão juntas. Esta é a certeza deles.

Na última mensagem da noite, Adelino, o mentor de Celso, envia um recado a todos: é preciso ter fé e coragem, porque a vida continua, o espírito é imortal.

Juraci enxuga as lágrimas em silêncio.

A sessão chega ao fim.

Aterrissando

Quatro dias depois, marco um encontro com Juraci no aeroporto de Congonhas. Estou a caminho de Brasília — para uma sessão de psicografia privada —, mas gostaria de tirar algumas dúvidas com ela sobre a mensagem de sexta-feira.

Pelo telefone, adianto o assunto. Preciso saber quais as evidências sobre a identidade de Felipe encontradas por ela na mensagem psicografada por Celso. Alguns detalhes me impressionaram: o nome da cadela, por exemplo, e as referências aos avós. Estas informações não deveriam constar das fichas de identificação.

Tenho duas horas livres em São Paulo. Tempo suficiente para reler a mensagem com Juraci no setor de desembarque do aeroporto. Os últimos dias foram de sofrimento para ela. No domingo, Juraci se deitou embaixo do cobertor e passou o dia aos prantos.

O marido, Brames, ouviu a mensagem gravada na fita cassete e não fez qualquer comentário. Subiu as escadas para o segundo andar em silêncio e aos prantos. A última experiência dele no terreno da psicografia foi trágica.

No Grupo Noel — um dos centros de São Paulo —, o médium pôs no papel a seguinte mensagem de Felipe para os pais: "Filhos maravilhosos com certeza têm pais maravilhosos. Felipe". E nada mais. Foi um choque para Brames.

Um dia depois de ouvir e ler a mensagem psicografada por Celso, Brames resolveu conversar com Juraci sobre o texto.

A primeira pergunta foi sobre o cachorro citado na mensagem.

— Você falou sobre a Branca Maria com o Celso?

— Falei.

Celso também tem um cachorro e, no encontro em sua casa, antes da sessão, ele e Juraci conversaram sobre a paixão pelos animais. Nessa conversa, Juraci falou sobre Branca Maria.

— Não tem nada na mensagem que identifique, sem dúvida nenhuma, o Felipe na mensagem do Celso — ela diz.

Depois de um breve silêncio, alisa a mensagem sobre o colo e afirma:

— Mas eu sinto a presença do Felipe aqui. É isto que importa. Esta mensagem é uma pomada, sabe? Uma pomada para aliviar um pouco esta dor.

Juraci acredita e não acredita. Ela e milhares de mães e pais no Brasil vivem esta angústia. A dor é quase insuportável.

— Quem vai me chamar de mãe agora? — ela pergunta.

É um longo desabafo.

— A gente quer tocar, quer saber que está aí, quer sentir o cheiro. Tenho uma casa bonita, gostosa, confortável, ampla. Para quem? Hoje meu marido sai para trabalhar. Para quem? Nós ganhamos dinheiro para os filhos, para deixar alguma coisa para os filhos.

Às vezes, alguém se aproxima para consolar e sugere a Juraci trabalhar em asilos, ajudar idosos e órfãos, canalizar toda a sua força para a caridade. Esta era a receita de Chico Xavier aos pais que perderam filhos: "ajuda o outro e você vai estar se ajudando".

Vinte dias depois de perder o segundo filho, Juraci rejeita a sugestão.

— Ajudar como? E eu? E aquele futuro de mãe velhinha, sendo ajudada pelos filhos? A única coisa que eu quero é uma resposta para tudo isto. Por quê?

Juraci é espírita, leu a obra de Kardec e tem uma resposta organizada sobre o assunto: carma, resgate.

— Nós quatro, nossa família, fizemos um pacto antes de vir e reencarnar. Foi por amor tudo isto? Será que eu fiz alguma coisa muito ruim e agora tenho que pagar pelo que fiz?

O luto de Felipe, segundo ela, durou três anos. Quando a dor estava mais amena, Daniel foi embora. Por quê?

Nos últimos anos, Juraci percorreu centros de São Paulo em busca de mensagens de Felipe. Algumas cartas chegaram para ela psicografadas por outros médiuns. Brames, seu companheiro, nunca acreditou nas mensagens. Ela acredita e duvida. "Quem sou eu para julgar?"

— Com o tempo, você vai vendo que a mensagem é do seu coração. Fica aquela coisa gostosa dentro da gente, bem resolvida mesmo, independente de você ter certeza absoluta de que a mensagem é mesmo do seu filho.

Juraci, agora, está mais confiante. Enxuga as lágrimas e continua:

— É coisa de Deus, você vai tendo esta compreensão e vai ficando mais tranqüila, vai se abrindo para a vida.

Pergunto sobre as referências aos avós na mensagem psicografada por Celso. A resposta:

— Eu também mencionei estes nomes na conversa. Num dos nossos encontros, Celso me chamou de Juraci Conceição e eu corrigi: "Não tem Conceição no meu nome". Celso perguntou, então, se minha mãe se chamava Conceição e eu disse: "Não, minha mãe se chama Maria e meu pai se chamava José".

Juraci toma fôlego e continua.

— Felipe nunca chamou a avó de "avó Maria". Eles só a chamavam de vó Filhinha, era este o apelido dela.

Depois de uma breve pausa, ela resume sua viagem a Uberaba.

— Nós fomos passar o fim-de-semana com o Celso. Esta é a verdade.

A outra verdade Juraci resume enquanto acaricia a mensagem psicografada por Celso naquela noite:

— É muita emoção isto aqui. Tem mais certezas do que dúvidas. Eu sinto o Felipe aqui dentro. Tem muito amor aqui, tem o amor do Celso aqui dentro.

Hoje, ao defrontar com a descrença de quem não acredita no teor das mensagens psicografadas por ele, Celso tem uma resposta pronta:

— Não acreditar é um direito seu. Acreditar é um direito meu.

Para quem não acredita, ele recorre à matemática:

— Agora, em Ribeirão Preto, recebi seis cartas. Estava lá há apenas quarenta minutos no centro e as cartas chegaram repletas de nomes. Cada carta tem dez nomes em média. São sessenta nomes ao todo. E tem o nome e o sobrenome de cada espírito que assina a carta. Vou te dar uma hora para você ir para uma sala, ficar trancado lá e decorar tudo. Em seguida, você vai passar para o papel, de olhos fechados, aqueles nomes todos decorados, distribuídos pelas cartas certas destinadas a cada família... Tudo isto em no máximo dois minutos para cada texto. Você consegue?

Uma certeza absoluta Juraci conserva, independente de qualquer mensagem de Felipe ou Daniel: a de que existe, sim, vida depois da morte. Os filhos dela estão longe, mas estão vivos.

Eu e Juraci ainda vamos nos reencontrar.

O filho pródigo

Maria Regina Angeiras não tem dúvidas. O filho dela, Luiz Alberto Barbosa Gomes Angeiras, o Beto, assassinado por policiais militares ao lado do melhor amigo, há dez anos, está vivo e feliz.

Desde a morte dele, aos 25 anos, no dia 9 de fevereiro de 1994, até hoje, Beto já mudou de endereço três vezes.

— Foram três as moradas até agora — diz a mãe.

Após quatro dias de coma, Beto despertou no Sítio das Pedras Azuis, onde entrou em contato com erros e acertos de suas vidas passadas e começou a entender por que foi assaltado e executado tão jovem por PMs, num condomínio na cidade de São Pedro da Aldeia, no Rio de Janeiro.

Depois de acertar as contas com o passado, ele foi transferido para o Recanto da Paz, um sítio repleto de árvores onde são colhidas as frutas servidas aos jovens recém-chegados como ele. Foi uma temporada de estudos e de apoio aos novos moradores do Recanto.

Hoje, segundo Maria Regina, Beto está no Núcleo Lar-Escola, uma espécie de universidade localizada em outra dimensão.

As notícias do filho chegam à mãe sempre da mesma maneira: pelas mãos de Celso de Almeida Afonso durante as sessões públicas de psicografia no Centro Aurélio Agostinho, em Uberaba. É sempre o "Beto, Luiz Alberto Angeiras" quem assina as mensagens — 45 ao todo desde a primeira carta enviada no dia 8 de julho de 1994, uma sexta-feira.

Naquele dia, seis meses depois de "devolver" Beto a Deus — "ele não me pertence" —, Maria Regina encontrou forças para ressuscitar também e para continuar a ser a "aprendiz do filho".

Beto sempre foi maduro para a idade. Um jovem idealista, morador de um amplo e confortável apartamento na zona sul do Rio de Janeiro, filho de uma educadora e de um geólogo bem-sucedidos. Ele deixou dois irmãos — Arminda, um ano mais velha, e Luís Antônio, o Lula, dez anos mais jovem do que ele — e dezenas de amigos e admiradoras inconsoláveis.

Dois anos antes do crime, ele interrompeu a Faculdade de Direito, no terceiro ano, e se transferiu para a Faculdade de Psicologia, na Universidade Santa Úrsula.

— O problema do mundo não está nas leis. Está nos homens. Precisamos investir em gente — dizia.

Um tiro o atingiu pelas costas, na coluna, enquanto ele tentava escapar dos assassinos. Beto caiu tetraplégico pouco depois de ver o melhor amigo ser executado. O relato do assassinato — primeiro, os policiais pediram drogas e, em seguida, atiraram — e a descrição dos assassinos fardados, ele deixou registrados para a posteridade e a justiça no gravador do médico que o encontrou, ainda agonizando, no condomínio.

As frases saíam aos solavancos, abafadas pela respiração ofegante.

Maria Regina ouviu a gravação na semana do crime e nunca mais.

— Tenho um rombo no meu coração — diz a mãe, enquanto enxuga as lágrimas.

Saudade? Muita.

— Dez anos não são seis meses. É muito mais — diz.

Do outro lado da rua onde ela mora, no bairro do Flamengo, está o apartamento para onde Beto iria se mudar se estivesse vivo. Ele não teve tempo de se transferir para o imóvel então recém-adquirido pela família.

Hoje um amigo dele ocupa o apartamento emprestado.

Ao lado da cama de Maria Regina, uma caixa de madeira guarda lembranças de Beto, fã do poeta Paulo Leminsky e autor de belos poemas, reunidos pelos amigos e pela família em livro póstumo intitulado *Idos gemidos*, publicado nove meses depois de sua morte — ou, como prefere Maria Regina, de "seu retorno à pátria espiritual".

Entre duas pegadas
Há um espaço
Que chamamos passo

Há um espaço
Que pisando em falso
Chamamos Q
U
E
D
A

O poema preferido da mãe é outro:

Tua falta, metade fita
É metade lenda,
Distinta farsa

Tua falta é quase nada
É metade linda
Metade faca

Tua falta, quase tudo
Vento que espalha
Gota, migalha

Impossibilidade

Na caixa de lembranças, estão o porta-moedas de couro, hoje mofado pela falta de uso, fotos de antigas namoradas e um bilhete carinhoso para a mãe — a "Baixinha" — definida por ele como seu "porto-seguro".

Quando a saudade fica insuportável, Maria Regina embarca num ônibus no Rio de Janeiro e cruza as estradas rumo a Uberaba. São doze horas de viagem, madrugada adentro, pontuadas por lembranças do filho e por uma enxurrada de lágrimas.

Maria Regina chega de manhã e volta à noite para retomar o trabalho no dia seguinte.

— De dois em dois meses, três meses no máximo, faço esta viagem.

Os amigos e a família identificam no rosto de Maria Regina a hora de ela pegar a estrada. Sua expressão fica abatida, a alegria começa a desaparecer, os olhos marejam com facilidade. Estes são os sinais. Todos dizem: "Vai, Maria Regina, vai".

Em Uberaba, pelas mãos de Celso, a mãe se reconecta com o filho e "recarrega as baterias".

O esforço sempre vale a pena — sempre valeu —, desde o início, há dez anos.

Uberaba, 8 de julho de 1994.

Seis meses depois de "devolver" Beto, Maria Regina e a filha, Arminda, desembarcaram em Uberaba pela primeira vez após o crime. A dor era insuportável. Filha de pais espíritas, Maria Regina precisava receber uma carta do filho. Precisava saber se ele estava bem e em paz.

Como milhares de mães do Brasil e do exterior, ela buscou a ajuda de Chico Xavier, mas não conseguiu chegar até ele. Aos 83 anos, atormentado por sucessivas crises de angina e de pneumonia, o médium estava em tratamento, recolhido em casa.

Seus assessores indicaram, então, os dois outros psicógrafos de Uberaba: Celso de Almeida Afonso e Carlos Baccelli. Maria Regina procurou Celso, mas chegou ao Centro Aurélio Agostinho cedo demais. Era uma da tarde e a psicografia só começaria às sete da noite.

O centro estava aberto para palestras e passes ministrados por outros integrantes da equipe. O tema da leitura daquela tarde era a "perda de entes queridos por violência".

Para Maria Regina, a palestra soou como um aviso:

— A espiritualidade me preparava para a sessão da noite.

Depois de receberem os passes da tarde, ela e a filha voltaram para o hotel. Às três da tarde, já estavam de volta ao centro, diante da porta fechada, dispostas a esperar quatro horas até o início da sessão.

Juntas, mãe e filha iniciaram o plantão sentadas no meio-fio. Foram quatro horas de lembranças, lágrimas e orações.

O coração de Maria Regina batia acelerado. Durante todo o tempo, ela pedia a Deus a permissão de se reencontrar com o filho e mentalizava aos "amigos espirituais" apoio neste primeiro contato depois da despedida no centro de terapia intensiva da Casa de Saúde Santa Lúcia, no Rio de Janeiro.

A livraria do centro estava aberta. Para tentar reduzir a ansiedade e encontrar algum conforto, Regina atravessou a rua e comprou um livro, *Fraternidade*, assinado pelo espírito de Adelino de Carvalho, o mentor de Celso de Almeida Afonso.

Saudade,

Ante a saudade que te tortura o coração, tenta esconder as lágrimas no cofre do sentimento para que nos teus lábios o sorriso apareça...

Estas foram as primeiras frases lidas por Maria Regina.

Para ela, mais uma vez, aquele era um sinal de que iria receber notícias do filho morto.

Estava chegando o momento da sessão.

Maria Regina preencheu a ficha padrão do centro e tomou seu lugar no auditório para viver a mesma ansiedade vivida por centenas de mães a cada semana. Em momento algum, antes da sessão, ela teve qualquer contato com Celso de Almeida Afonso.

Durante as palestras, enquanto o médium psicografava as mensagens da noite de olhos fechados, Maria Regina sentiu a presença de Beto a seu lado, "seu calor, sua respiração, o toque de suas mãos no meu rosto".

Beto estava presente — ela tinha certeza.

E a certeza se materializou numa longa mensagem psicografada durante 22 minutos por Celso. Foi a terceira carta da noite. Um marco na vida de Maria Regina.

Não posso ser Deus, mas gostaria de passar a quem amo a alegria do céu, o direito sobre as fontes...

A mensagem começou com poesia — mais modesta e bem menos ousada do que a poesia do Beto de carne e osso — e continuou ao longo de 54 páginas, embaladas por detalhes e informações definidas por Maria Regina como evidências.

"Obrigado, Baixinha!", escreve Beto no segundo parágrafo.

O apelido da mãe está lá, junto com dados desconhecidos pelo médium.

Alguns deles:

• O nome e o apelido do amigo assassinado a seu lado: Paulo Henrique, o Neco.

• O cenário do crime: "Região dos Lagos, mais precisamente São Pedro da Aldeia".

• Uma descrição do assassinato: "Saímos, naquela noite, passando a limpo nossos assuntos, e até podíamos aconselhar um ao outro, quando havia apenas uma opinião de vida. [...] Ainda não sei se por débito meu, ou se por irresponsabilidade de dois corações infelizes, que sem pensar em ninguém, nos alvejaram, tirando-nos o direito de prosseguir no corpo".

• Um recado para a irmã, Arminda, sentada ao lado da mãe: "Não é isto, Arminda? Beijão para você. Não esquece o Beto. Te amo!".

• O relato de uma cena só vivida por mãe e filho no CTI do hospital: "Não posso esquecer, no CTI, a oração que você, mãe, dirigia em súplica pedindo a Jesus, a Sheila e ao Dr. Bezerra de Menezes para que me auxiliassem, no apagar das luzes, me permitindo a passagem para outra vida".

• Um pedido ao pai, envolvido, na época, numa campanha contra a impunidade e pela punição dos policiais assassinos: "Gostaria que meu pai Antonio me ajudasse nesta parada que, às vezes, não é nada fácil. Tenho encontrado nas cartas dele um tanto de revolta".

Nomes de família pontuam toda a mensagem: Ester, vovó Arminda, vovó América, vovô Pedro. Um desconhecido para todos também é citado: o "velho Constantino"... E uma tia-avó de Beto — Ester — é chamada de bisavó.

Mas o que importa?

Era o Beto Angeiras quem estava ali. E era ele quem se despedia com uma promessa de reencontro.

A gente se fala em outra carta. Tchau!
Beto — Luiz Alberto Angeiras

Só depois da sessão Maria Regina se apresentou a Celso, o "porta-voz" de seu filho na Terra.

Começava ali uma longa amizade entre a mãe e o médium, e um ritual que se repete a cada visita e a cada carta.

Logo depois de cada sessão, Maria Regina liga para a família no Rio de Janeiro e confirma as expectativas de todos:

— Chegou!

Em seguida, lê a mensagem assinada por Beto.

Apenas uma vez o filho não mandou notícias. Nessa noite, conta Maria Regina, ela pediu a Beto — numa das conversas silenciosas entre eles — para que ele desse prioridade a outras cinco mães presentes à sessão, desesperadas por notícias dos filhos mortos. As cinco mensagens vieram.

— Era como se as cinco cartas fossem para mim — ela lembra.

Desde a morte do filho, Maria Regina cumpre à risca, com disciplina, uma das receitas fundamentais de Chico Xavier: o trabalho em favor do outro.

Hoje a mãe de Beto se dedica ao trabalho voluntário num orfanato e num centro de tratamento para crianças com câncer no Rio de Janeiro — as Casas Ronald.

— Conseguimos transformar a dor em realização — avalia.

Maria Regina faz questão de participar das sessões em Uberaba às segundas-feiras. Nesse dia, antes da psicografia, Celso e outros freqüentadores do Centro Aurélio Agostinho percorrem casas de um bairro pobre da cidade em peregrinações. Em cada casa eles distribuem pães e lêem trechos de *O Evangelho segundo o espiritismo* junto com as famílias.

Maria Regina se emociona várias vezes durante a conversa. Há fotos de Beto espalhadas por toda a sala. As cartas, digitadas por ela, são xerocadas e distribuídas à família e amigos mais próximos, a cada volta de Uberaba.

Ela arquiva e numera cada mensagem e vê uma evolução nesta correspondência. Um progresso que refletiria o "estado de espírito" de Beto no outro plano.

Na primeira carta, por exemplo, ele ainda demonstra dúvidas, uma certa perplexidade, sobre por que sua vida — e a de Neco — foram interrompidas tão violentamente.

Nas três cartas seguintes, ele demonstra maior consciência de tudo o que aconteceu e tira lições de sua "passagem".

> *Hoje avanço, reconhecendo que pérolas são pérolas e que espinhos são, sim, pontas pacíficas quando sabemos aceitá-las.*

Pouco depois, demonstra estar mais conformado com as circunstâncias de sua morte do que na primeira carta.

> *Devo pedir-lhes não escutarem, em momento algum, a voz da revolta. Tudo o que aconteceu em São Pedro da Aldeia, comigo e com o*

Neco, deve ser entendido pela confiança de que Deus nos protege e, se ele permitiu uma viagem dessa forma, encontraremos na caminhada eterna da vida uma resposta satisfatória e feliz, que nos traga alegria por saber que vencemos o que precisávamos vencer.

Na quarta mensagem, Beto cita o belo Sítio das Pedras Azuis pela primeira vez — "este nome nasceu pela cor do chão que pisamos", afirma — e revela estar entregue "à busca de ontem, abrindo um pouco a cortina do nosso palco".

Na quinta carta, escrita em dezembro de 1996 — um ano e seis meses depois da quarta mensagem —, Beto demonstra estar bem mais consciente. Tudo parece mais nítido.

O que estava claro está mais claro ainda: o azul me parece mais azul.
Querida mãe, o seu Beto está bem e, por aqui, no Sítio das Pedras Azuis, seguindo com as aulas e revendo, aos poucos, os caminhos que pisei em outros dias.

A lista de nomes cresce nessa mensagem: Bigu, Lu, Titina, Cris Luci, Felipe, André, Pedrinho, a nossa Babá e a Adriana, a Genilda.

Estão todos aí, amigos e parentes.

Ao lado dele, na outra dimensão, está, quase sempre, o "Paulo Henrique", "o nosso Neco", definido na mensagem de Beto como "o mesmo amigo" de sempre.

Sei que os pais do Neco saberão entender que Deus precisou de nós por aqui e que não deixamos de viver, não importa a forma de morte, porque o corpo é a apresentação dos filhos que vieram e não a verdade dos filhos que prosseguem em vida.
Estamos firmes, mãe!,

despede-se.

A partir da sexta carta, Beto parece escrever para todos na platéia e não só para a mãe. Uma pergunta se repete em muitas das mensagens: "Que caminho é este? Que caminho é este?".

"É o caminho de Deus para todos!", ele responde na 38ª mensagem.

Morte
Fêmea urgente
Aguarda tua hora,

Inevitável beijo
Acontece

[...]

Morte
Bem-vinda à flor
Que se recusa a viver
Em um copo d'água

Este era o Beto de *Idos gemidos*.

Esconde o sol nas colinas
Parece ele um garoto fazendo gracinhas
Na tentativa de nos alegrar

[...]

A lua resplandece em beleza
Em meio às estrelas.
Parece ela "mãe"
A olhar por todos os filhos
estrelas queridas do seu amor.

Este é o Beto das mensagens de Celso.
Beto talvez tenha mudado nos últimos dez anos.
Não importa.
A mãe não tem dúvidas e conta mais uma história para justificar tanta certeza.

Um dos meninos com câncer das Casas Ronald se chamava Jairo. Desde os doze anos, quando a doença o atacou, ele tinha um sonho: chegar aos dezoito.

Maria Regina estava a seu lado quando ele realizou seu projeto de vida. Na festa de aniversário, depois de apagar as velas do bolo, ele perguntou a ela:

— Tia, que Deus é este? Tô com medo de morrer.

À noite, ele teve um sonho: um rapaz o levou para conhecer o "mundo espiritual". No início dessa "viagem", Jairo perguntou:

— Mas eu morri?

— Só morre quem quer — foi a resposta de seu guia.

No dia seguinte, Jairo viu uma foto de Beto Angeiras e o reconheceu como seu guia.

— Foi ele — afirmou depois de contar o sonho à mãe.

Pouco depois, Jairo morreu, aos dezoito anos. Maria Regina ficou ao lado da mãe, Jovina.

— Beto — ela diz — ficou ao lado de Jairo.

Na última mensagem psicografada por Celso, na noite de 5 de abril de 2004, ele manda o recado:

> *Não deixe de entregar as lembranças do Jairo à nossa Jovina. Jairo é um companheiro valoroso e me sinto orgulhoso de estar sempre ao lado deste amigo.*

— Eu amparo as mães e ele ampara os filhos. Nós trabalhamos juntos. Nossa parceria continua — diz Maria Regina Angeiras.

Quando a saudade se tornar insuportável, ela vai comprar uma nova passagem rumo a Uberaba.

"Quero uma prova"

Juraci, a mãe de Felipe e Daniel, precisa acreditar. A maior preocupação dela agora é saber onde e como Daniel está. Faz quarenta dias que ele foi assassinado.

— Não quero uma mensagem. Quero uma prova.

Passados 26 dias do nosso primeiro encontro, estamos juntos de novo, lado a lado, num avião rumo a Uberaba.

Desta vez, Juraci vai recorrer a Carlos Baccelli e seguir uma estratégia diferente: nada de informações detalhadas sobre as circunstâncias das mortes dos filhos.

Sigilo — este é o nosso acordo.

O combinado é fornecer a Baccelli apenas os dados básicos: nome e sobrenome do "desencarnado", datas de nascimento e morte, nome e sobrenome dos pais.

Juraci precisa ter certeza. E a certeza, ela só vai garantir se receber uma mensagem com detalhes nunca revelados ao médium, por ela ou por outra pessoa qualquer.

A sessão no Centro Pedro e Paulo, de Carlos Baccelli, acontece sempre aos sábados e domingos de madrugada. O ideal é chegar às quatro da manhã para garantir um bom lugar na fila de candidatos a receber uma mensagem.

Chegamos à cidade numa sexta-feira, dia de sessão no centro de Celso de Almeida Afonso, e é para lá que vamos juntos à noite. Juraci quer rever o médium, mas não alimenta expectativas em relação a uma mensagem psicografada por ele.

O movimento no centro é intenso. Carros com placas de Goiânia, Rio de Janeiro, Santos, São Paulo e Sacramento estão estacionados do lado de fora.

O médium está de pé no fim de um corredor externo à direita do salão onde vai psicografar as mensagens. É ali — não percebi na primeira visita — que ele atende, a partir das seis da tarde, as mães e pais em busca de consolo e de notícias dos filhos.

No fim do corredor, ele consola os mais desesperados, pede fé em Deus, escuta histórias de perdas súbitas e insuportáveis. Os conselhos se repetem sempre em tom suave. "Reza, ele está bem, está em paz."

Nas conversas com os visitantes, Celso evita usar o verbo "desencarnar".

— Parece coisa de açougue — ele me explica depois.

Em vez de desencarnar, o médium usa eufemismos como viajou, partiu, foi fazer uma viagem.

— Não é adeus não. É um até breve — ele consola com voz suave.

Em pedaços de papel tirados do bolso da camisa, Celso anota, de pé mesmo, algumas informações levantadas durante as conversas. Entro na fila e, em segundos, já estou às voltas com o drama das mães à minha frente.

Uma delas retira fotos do fundo da bolsa e me mostra imagens de um jovem de cabelos lisos, montado num cavalo com um laço na mão, prestes a capturar um bezerro.

— Este é meu filho.

Era veterinário.

— Foi de repente, ele estava trabalhando, sentiu uma vertigem e caiu. Coração. Ia fazer 25 anos.

Já faz sete meses, mas a impressão que se tem é de que foi há três minutos. Lágrimas rolam pelo rosto da mãe e as mãos dela tremem sobre as fotos que não param de sair de dentro da bolsa.

Juraci está a meu lado na fila e mal consegue tirar os olhos de Celso no fim do corredor. Desta vez, ela não avisou sobre sua ida.

— Por que você não passou lá em casa assim que chegou? — Celso cobra enquanto a abraça.

Da última vez, na despedida, o médium pediu para Juraci ir à casa dele assim que voltasse a Uberaba. Ela não atendeu ao pedido.

— Vai lá na fila e põe os nomes dos seus filhos na ficha — instrui Celso.

Juraci, que não está ali em busca de mensagens, não resiste à tentação e entra na fila do outro lado do salão.

Cumprimento Celso e, depois de uma breve conversa, vou me sentar num dos bancos de madeira no salão.

No quadro negro, em frente, uma frase escrita a giz com letras garrafais se destaca: "Queremos paz, pedimos amor. Quando é então que começaremos a amar?".

Quem assina a mensagem é "Jorge Ricardo/Celso de Almeida Afonso".

A mãe de Jorge Ricardo, dona Ísis Duarte, está no centro. Jorge morreu há dezenove anos e é o "autor espiritual" do primeiro livro publicado por Celso de Almeida Afonso, *Juntos para a eternidade*. Esse livro gerou a renda que deu início à livraria do Centro Aurélio Agostinho.

Foi Chico Xavier, aliás, quem deu a primeira aula de gestão comercial a Celso:

— Dinheiro de livro é para livro — ele ensinou. O segredo era reinvestir o lucro da venda das publicações na produção de novos títulos.

A música clássica toma conta do salão. Já são quase sete da noite e Celso continua a receber os visitantes no corredor lateral. Um senhor distribuiu folhetos para o público que não pára de chegar. A foto na capa do *folder* exibe um jovem de cabelos curtos, olhos acinzentados, expressão séria — Sílvio César Barbosa Granero. É outro velho conhecido de Celso de Almeida Afonso.

Sílvio morreu em 1990, aos dezoito anos. O senhor que distribuiu o folheto é o pai dele, Jair Granero.

"Acalma-te em espírito. Não nos encontramos distante [*sic*], tão distante [*sic*] do nosso início." Uma das mensagens publicadas no folheto começa assim. Textos psicografados pelo ourives são distribuídos ali para reflexão e como prova da sobrevivência do espírito.

Juraci senta a meu lado no banco e não consegue disfarçar a tensão.

— Quem sabe não recebo uma prova hoje?

Quem sabe?

Peço autorização a Celso para participar do momento mais tenso e mais secreto da sessão: a preparação para a psicografia na saleta dos fundos, quando ele — com a ajuda dos "benfeitores" — seleciona as fichas dos espíritos aprovados para a comunicação da noite.

Celso autoriza minha presença — uma honra para poucos no centro. Em geral, ele fica a sós na saleta com a mulher, Silvinha, e o neto Gustavo, as duas únicas testemunhas do processo.

Hoje ficarei no lugar de Silvinha, recém-operada.

Será que sentirei os cheiros estranhos citados por ele no nosso último encontro? Será que Celso vai entrar em transe diante de mim? Será que ele conversará com o "invisível" e ouvirá conselhos do seu mentor, o seu Adelino?

Falta pouco para eu descobrir.

— Vamos?

Celso me convida e eu o sigo. Juraci fica para trás, no banco do salão, ansiosa por notícias.

A saleta dos fundos tem pouco mais de oito metros quadrados. As paredes brancas, já encardidas, são pintadas de azul claro da metade para baixo. Celso fecha a porta e se senta à cabeceira da mesa. Gustavo ocupa a cadeira à direita do avô e eu me sento à esquerda.

Do outro lado da porta, vêm os rumores das primeiras palestras da noite.

A reunião preparatória começa com a psicografia de orientações solicitadas, também em ficha, por freqüentadores e visitantes do centro. São consultas sobre a evolução de doenças ou crises em família (álcool, drogas, separação).

Nas fichas destinadas a estes pedidos de orientação, só é preciso informar o nome e a idade do consulente e — se a pessoa não estiver presente — o seu endereço. Os conselhos, segundo Celso, vêm dos espíritos, sem o conhecimento dele.

O médium escreve as orientações a jato, a lápis, de olhos abertos, enquanto conversa comigo. Para cada ficha, um bilhete curto.

— Pode perguntar à vontade. Não tenho a menor noção do que tô escrevendo... É até bom.

Os garranchos preenchem as páginas com mensagens vagas, sem assinatura. Tenha fé, confie em Deus.

Celso não olha para o papel, nem precisa.

— É como se tivessem encaixado um trem na minha mão — ele diz.

Em Minas Gerais, trem significa coisa.

— Neste caso, a psicografia é totalmente mecânica — aprofunda, ainda de olhos abertos e lápis em punho.

O livro dos médiuns, de Allan Kardec, parece descrever a cena no capítulo sobre "Médiuns mecânicos".

> *Quando atua diretamente sobre a mão, o Espírito lhe dá uma impulsão de todo independente da vontade deste último. Ela se move sem interrupção e sem embargo do médium, enquanto o Espírito tem alguma coisa que dizer, e pára, assim que ele acaba.*

Cada página preenchida é retirada do maço por Bruno, o neto mais velho. Há dois anos ele assessora o avô nas sessões de psicografia. Antes de iniciar o trabalho no centro, o adolescente fez o catecismo e a primeira comunhão.

Celso o estimulou a se aprofundar nos estudos do cristianismo.

Em vinte minutos, no máximo, todos os pedidos de orientação são atendidos. Chega, então, o momento mais traumático da noite.

Já são quase sete e meia e Celso pede silêncio.

— Seu Adelino [*o mentor*] vai fazer a ligação com os espíritos — diz ele.

O silêncio só é quebrado pelo som abafado das palestras do outro lado da porta.

Sobre a mesa de madeira, em frente a Celso, está uma pilha com mais de cinqüenta fichas preenchidas à mão. Leio uma delas:

> *NOME: Denise Malta. PEDE NOTÍCIA DO: seu filho Rafael Malta. Data de nascimento: 12/4/1968. Data de óbito: 15/7/1999.*

Pais, mães, filhos, viúvos, órfãos — todos pedem mensagens de seus entes queridos. Mais do que mensagens, muitos ali, como Juraci, buscam uma prova irrefutável da sobrevivência do espírito — e do bem-estar dele no outro plano.

Celso fecha os olhos e massageia, com as duas mãos, as laterais da própria testa, os chamados "lobos frontais".

A seleção dos "remetentes" do além está prestes a começar e eu não consigo evitar uma torcida silenciosa por Juraci.

Quem sabe a prova não vem?

Quem sabe?

De olhos abertos mesmo, Celso inicia a avaliação de cada ficha. No bolso de sua camisa, estão as anotações feitas na fila do corredor lateral. A mão direita parece pesar mais do que o normal enquanto manipula os papéis. Apenas as fichas movidas para o lado direito do maço serão "aprovadas" para comunicação.

Uma ficha, duas, três, quatro — estas são as escolhidas.

— Só quatro — Celso lamenta. — Mas eu acho que vou psicografar umas cinco ou seis esta noite — diz, sem conseguir explicar sua intuição.

Começa a segunda parte deste ritual de seleção. Agora Celso espalha sobre a mesa as quatro fichas escolhidas e organiza o material em linha vertical, uma ficha embaixo da outra.

Juraci, Juraci... procuro o nome e não encontro.

De agora em diante, durante minutos, Celso vai observar, com atenção, cada ficha, nome, sobrenome, cada data escrita no papel.

— Fico lendo para ficar "encasalando" minha mente com a mente de cada espírito — diz ele.

De vez em quando, muda uma ficha de lugar, com a mesma mão pesada da fase de seleção.

— Os espíritos estão definindo a ordem da psicografia.

De acordo com esta lógica, a ficha do topo será a primeira a ser atendida.

Um ventilador gira ao nosso lado no chão de piso vermelho.

Celso continua a observar cada ficha e só se distrai um pouco para saborear balas *diet* trazidas de casa. A diabete o obriga a manter distância do açúcar.

— A Juraci não foi selecionada, né? — comento, com a esperança de que ela seja beneficiada durante a sessão.

— Pois é, uma pena. Também fiquei com pena da mãe de um veterinário [*a mesma com com quem conversei na fila*]. Ela está precisando demais de uma mensagem e não foi escolhida.

Quem sabe elas não estão entre as mensagens extras previstas por Celso, independente das fichas?

— Quem sabe? — Celso repete minha pergunta e faz um desabafo:

— Se eu pudesse, todo mundo lá fora receberia mensagem. Se eu pudesse, faria tudo errado. Todo mundo receberia... e ninguém receberia.

Quais os critérios de seleção usados pelos "espíritos"?

Celso não tem certeza:

— Acho que eles tiram a medida do ambiente e vêem quem está preparado para enviar a mensagem. Eles escolhem também o espírito que pode escrever cartas que vão ajudar todo mundo. Já teve espírito que, na hora de escrever, se emocionou demais e foi impedido de mandar mensagem.

Silêncio. Celso volta a se concentrar, massageia mais uma vez os lobos frontais, retira os óculos de armação dourada e os põe sobre a mesa.

— Estão colocando agora os espíritos em ligação — diz. — A partir de agora eu me esforço para o Celso falar com você. Sinto o Adelino vivo dentro da minha cabeça.

A voz parece um pouco mais distante quando Celso lembra o mestre, Chico Xavier, mais uma vez:

— O Chico dizia: quanto mais velho você for ficando, mais facilidade você vai ter na mediunidade. Você não vai ficar se preocupando tanto com sexo, com o sonho de ganhar dinheiro. Você vai ver que o que tem é mais do que você merece. Se Deus te der uma angina então, como eu, aí você vai ficar melhor ainda.

Celso ri e confessa ter ficado com medo de sofrer com as dores da angina. A mãe dele, Margarida de Almeida, morreu do coração.

Celso admite não seguir uma das receitas básicas de Chico: disciplina.

— Sou muito indisciplinado.

No dia da sessão, por exemplo, a orientação do mentor espiritual Adelino é bem clara: a partir das cinco da tarde, Celso não deve comer nada.

De vez em quando, ele desobedece. Come um pão, uma maçã e pronto. O estômago se rebela e o vômito é inevitável.

— O Cezar brinca comigo que o seu Adelino usa um guincho para tirar tudo da minha barriga — diz Celso.

As balas *diet*, segundo ele, só são admitidas por causa das taxas de glicose, que precisam ser equilibradas.

Está chegando a hora. Celso cata as quatro fichas selecionadas e, para minha surpresa, mistura todas elas ao maço principal.

Pronto.

O neto destranca a porta, Celso se levanta com alguma dificuldade — a base de sua coluna dói — e respira fundo antes de enfrentar o momento mais esperado pelos pais que lotam o centro naquela noite: a psicografia das mensagens particulares.

— Tchau — ele me diz. — Agora eu vou para o lado de lá.

Em instantes, Celso já está sentado na cabeceira da mesa, no salão principal. As fichas ficaram na saleta.

São oito da noite em ponto quando ele fecha os olhos e começa a preencher, rapidamente, as páginas em branco.

Eu me sento ao lado de Juraci num banco nos fundos do salão e aviso:

— Sua ficha não foi selecionada.

A decepção é inevitável.

— Mas ele deve psicografar duas outras mensagens além das fichas aprovadas — afirmo.

Quem sabe?

Nesta noite Juraci usa a pulseira de prata de Daniel no pulso direito.

O ciclo de palestras continua.

Um dos palestrantes pergunta:

— O que é fé?

Ele mesmo responde:

— Fé é a ausência da dúvida.

Allan Kardec, o codificador da doutrina espírita, sempre defendeu a "fé raciocinada" e estimulou a dúvida como método de pesquisa.

Juraci se sente culpada por buscar uma prova e, enquanto Celso psicografa, questiona seu direito de duvidar da autenticidade das mensagens dos espíritos.

Outro palestrante garante, enquanto acompanhamos a sessão:

— A vida continua. Penso, amo, logo existo.

Já são quase nove horas quando Juraci pergunta:

— O que virá por aí?

Já são seis as mensagens organizadas em maços sobre a mesa, e Celso continua a psicografar.

As quatro fichas foram atendidas e outros dois destinatários foram beneficiados. Juraci pode ser um deles.

Esta é nossa esperança.

Quem sabe Felipe ou Daniel enviam notícias e incluem em seus textos detalhes desconhecidos para o médium? Quem sabe a prova não vem?

Como sempre, Cezar Carneiro faz a prece de encerramento da sessão da noite.

— Em nome de Deus, nós realizamos nosso trabalho de evangelização de hoje. Que todos nós, Jesus, nos fortaleçamos.

Mais uma vez, ele repete aos pais vindos de todo o Brasil que as mensagens lidas em breve são endereçadas, na verdade, a todos eles e que os espíritos de quem eles buscam notícias também são beneficiados pelas suas orações — e por aquela sessão — independente de uma mensagem psicografada ou não.

Muitos vão se decepcionar, a maioria vai voltar para casa sem uma carta do ente querido.

E chega a hora da leitura das mensagens e da enxurrada de nomes e sobrenomes.

Papai Sebastião, Patrícia, Ana Paula, vovô Epaminondas, Pedro, Guilherme, Jomar Dutra de Castro. Estes são os nomes listados apenas na primeira mensagem, endereçada à mamãe Denise. "Mãe, te amo muito, muito, muito, muito."

Uma das mensagens impressiona pela riqueza de detalhes.

"Mamãe Lucinda", a noiva Roberta, o irmão Marcelo, a cunhada Cristina, a sobrinha Mariana, o pai Joaquim... Estão todos ali na página lida por Celso, entre trechos emocionantes e misteriosos:

> *Eu me vi em festa naquela despedida de solteiro.* [...] *Não entregaria a eles um sorriso nem diria que consegui perdoá-los.*

Juraci fica impressionada com o texto. Eu concordo com ela: é preciso conversar com a mãe, mais tarde, para saber mais detalhes sobre a comunicação.

Os outros destinatários da noite são quase previsíveis: "mamãe Isis", "papai Jair Granero" — eles mesmos, os velhos conhecidos de Celso, os pais de Jorge Ricardo Duarte (citado no quadro-negro) e Sílvio César Granero (panfletado pelo pai no salão).

— Por que eles recebem tantas mensagens e muitos não recebem mensagem nenhuma? — Juraci pergunta, enquanto se conforma com o fato de não receber mensagem alguma naquela noite.

De tanto ler os livros espíritas, já tenho algumas respostas oficiais.

A psicografia envolve sintonia entre o médium e o espírito. Celso, de acordo com esta lógica, teria uma afinidade maior com espíritos como Jorge Ricardo e Sílvio Granero. Por isto, a comunicação entre eles fluiria melhor e com maior regularidade.

Além disto, as mensagens deles — "espíritos maduros" — teriam um conteúdo espiritual mais adequado, capaz de consolar e esclarecer o maior número de pessoas possível no salão.

Juraci escuta minha explicação em silêncio.

E a mensagem destinada a Lucinda e assinada pelo espírito Marcos Paiva? De onde vieram tantos detalhes? Festa de solteiro, noivo saudoso...

Dona Lucinda está cercada de amigas. Ela veio de Santos numa das caravanas, acompanhada pela mãe do veterinário e outras companheiras de luto e de dor.

Nem preciso fazer muitas perguntas para receber todas as respostas possíveis. Como a maior parte dos pais atormentados pela perda de filhos, o que ela quer é falar, contar sua história, lembrar o que não consegue esquecer, dividir com os outros o que não tem forças para suportar sozinha, em silêncio.

Com sotaque português, dona Lucinda conta que o filho, Marcos de Paiva, 27 anos, foi assassinado, após um seqüestro-relâmpago, na véspera do casamento, logo depois de participar da festa de despedida de solteiro.

— Os convidados da festa de casamento foram para o velório — ela começa a falar e quase cai no chão atormentada por uma vertigem.

As amigas amparam a mãe.

Parece que foi ontem, mas foi há três anos.

Esta foi a primeira mensagem recebida por ela no centro de Celso de Almeida Afonso. Faço as mesmas perguntas feitas, quarenta anos antes, pela equipe de Paulo Rossi Severino.

Sim. Ela conversou com o médium antes da sessão e deu a ele todas as informações citadas na mensagem daquela noite. Nomes da noiva, do irmão, do avô, estava tudo lá.

Dona Lucinda anotou todos esses dados numa ficha entregue aos médiuns antes das sessões. Segue uma receita recomendada por uma das mães veteranas, freqüentadora de Uberaba: o melhor é fornecer aos médiuns o maior número de dados possível para facilitar a comunicação com o espírito.

— Chico Xavier era um só — a mãe explica.

Esta é uma frase corrente hoje em Uberaba.

Poucas horas depois, eu e Juraci estaremos juntos de novo no centro de Carlos Baccelli.

"Conta tudo pro médium"

Chegamos ao Centro Pedro e Paulo às cinco da manhã em ponto. Em instantes, percebemos o quanto estamos atrasados. Três ônibus já estão estacionados na porta e a fila de visitantes dá voltas nos fundos da casa ampla e simples onde moram cerca de trinta idosos.

Além de funcionar como um centro espírita aberto a sessões de psicografia nos fins-de-semana, a casa abriga um asilo. "Fora da caridade, não há salvação" — esta lição de Kardec é praticada, todos os dias, no Pedro e Paulo e no outro centro comandado por Carlos Baccelli em Uberaba, o Bittencourt Sampaio, onde funciona uma creche para quarenta crianças.

No saguão principal do Pedro e Paulo, logo na entrada, está a principal fonte de renda da instituição: o livro. Uma mesa comprida reúne clássicos de Chico e Kardec e obras psicografadas por Baccelli, muitas delas polêmicas.

Os visitantes, quase sempre, levam algum exemplar para casa. Muitos vão embora com sacolas repletas de livros.

O último lançamento promete provocar alvoroço e incredulidade nos meios espíritas. O título: *O espírito de Chico Xavier*. Autores: Carlos A. Baccelli e Francisco Cândido Xavier.

Quase dois anos depois de sua morte, Chico teria enviado textos curtos à Terra através das mãos de Baccelli.

O dentista de 53 anos teria sido escolhido pelo mestre para ser seu porta-voz em Uberaba.

Em matéria de fé, eis os extremos que devem ser evitados: a incredulidade e o fanatismo. Porém, entre os dois, o fanatismo é pior.

Esta é uma das frases do livro. A capa exibe uma foto de Chico, boina na cabeça, caneta em punho.

Outra: "O espiritismo, apesar dos homens, caminhará".

Mais uma: "Pouca discussão é luz. Muita discussão é incêndio".

Baccelli já tinha divulgado uma mensagem psicografada por ele e assinada por Chico Xavier em sessão pública realizada no Centro Espírita São Luiz Gonzaga, de Pedro Leopoldo, a cidade natal do médium.

A autenticidade da mensagem nunca foi confirmada pelas três pessoas com quem Chico teria combinado um código secreto capaz de comprovar sua identidade: o médico e amigo Eurípedes Tahan Vieira, o filho adotivo Eurípedes Higino dos Reis e Kátia Maria, sua acompanhante nos últimos anos de vida.

Três informações deveriam constar da primeira mensagem enviada do além.

Estes dados — a julgar pelo silêncio dos três detentores do código — não apareceram em Pedro Leopoldo.

Baccelli duvida da existência deste código secreto e segue em frente, sem medo da incredulidade alheia.

"Eu não sou propriedade de ninguém e, neste sentido, aviso-lhes que não deixei testamento." Esta é outra declaração atribuída a Chico no novo livro de Baccelli.

Filho de pai marceneiro e mãe dona de casa, Baccelli nasceu em Uberaba em 1952, sete anos antes de Chico Xavier se transferir para a cidade. Com dezenove anos, já trabalhava como voluntário no primeiro centro fundado por Chico na cidade, a Comunhão Espírita Cristã. Começou em 1971 a convivência de quase 25 anos entre o então estudante de odontologia e o médium mais respeitado do país. Uma relação que gerou dez livros em parceria.

— Esteja preparado para as críticas. As pedradas serão muitas — Chico avisou a Baccelli quando o convidou para escrever a série de publicações iniciada com o livro *Fé*.

A resposta de Baccelli, que já trabalhava, na época, como dentista nos Correios, em Uberaba, foi a mais entusiasmada possível:

— Prefiro ser apedrejado ao seu lado a receber flores ao lado de qualquer outro.

Hoje, devidamente apedrejado, Baccelli admite, entre risadas:

— Nunca imaginei que seriam tantas as pedradas.

Já aposentado, o dentista paga um preço alto pela polêmica, mas colhe frutos também. Livros como *Na próxima dimensão*, assinado pelo espírito do doutor Inácio Ferreira — que descreve a chegada de Chico Xavier ao outro mundo —, são *best-sellers* nas livrarias espíritas.

As pedradas são inevitáveis e vêm de todos os lados, mas, na fila da psicografia, quase ninguém tem noção do quanto o médium é controvertido.

Chico Xavier mandou notícias do além? Ele foi Allan Kardec em outra encarnação (tese também controvertida defendida por Baccelli)? Polêmicas como estas não interessam a quem busca notícias de filhos mortos.

Juraci, por exemplo, não tem nenhum interesse em questões como estas. Muito mais interessante para ela é a história testemunhada por mim na última visita ao centro de Baccelli no dia 20 de março. Naquela manhã, o médium psicografou — como de costume — seis mensagens ao todo. Uma delas chamava a atenção pela violência da descrição do crime.

O morto — vítima de um assassinato um mês antes — relatava para a mãe:

Ainda sinto dores na cabeça. Não pude me livrar do tiro recebido na nuca.

A mãe, sentada na primeira fila, desabou e passou a repetir para quem quisesse ouvir: "Eu não tinha falado nada sobre o tiro na nuca. Isto eu não contei".

Outra mãe abalada por uma mensagem de Carlos Baccelli foi Sandra Regina Ribeiro de Melo, de Campinas. Ela encontrou o filho, Rodrigo, morto logo depois de completar dezoito anos, enquanto dormia.

Até hoje — quatro anos depois da morte súbita do filho —, Sandra recorre a tranqüilizantes para dormir e para tentar encarar, com menos dor, o momento em que encontrou o corpo do filho inerte sobre a cama.

"Por quê?" Esta foi a primeira pergunta. "Por que com o Rodrigo? Por que comigo?" Como o coração de alguém tão jovem e tão forte pode ter parado desta maneira?

Cartas assinadas pelo jovem chegaram até ela pelas mãos de quatro médiuns diferentes do país.

Na quarta carta assinada por Rodrigo, psicografada por Carlos Bacceli, veio uma resposta para estas perguntas:

> *Digo-lhes que, segundo os nossos instrutores me informaram, renasci com um pequeno prolapso no coração, um pequeno distúrbio, que sequer poderia ser detectado pelos exames corriqueiros, visto que o problema cardíaco, além de não manifestar-se continuamente, não me ocasionava nenhum mal estar.*

Esta doença, segundo a mensagem, era uma herança de vidas passadas, um resgate de uma dívida de outras encarnações.

> *No exato local do problema congênito, no músculo cardíaco, espetei, eu mesmo, um agudo punhal, desesperado por uma questão afetiva, que me induzira ao suicídio.*
> *Vocês não me lamentem porque o que lhes está sendo motivo de tristeza para mim está sendo causa de alívio.*

O efeito desta mensagem — e das outras — é fulminante.

"São através delas que nós aqui de casa continuamos vivendo e acreditando. Que a vida continua e a morte é uma viagem. [...] É como se nosso filho estivesse no exterior e nos mandasse cartas para acalmar o nosso espírito", explica Sandra Regina em carta enviada a mim.

Quem sabe a prova para Juraci não chega através de Baccelli?

Suas esperanças se reduzem diante da longa fila no centro naquela madrugada. Pais e mães vindos de todo o país esperam a vez de conversar com Baccelli, antes da sessão, numa saleta miúda localizada ao lado do *hall* de entrada.

É ali, atrás de uma mesa de madeira, que Baccelli atende os candidatos a receber uma mensagem do além. Estes encontros se sucedem a partir das cinco da manhã, uma hora e meia antes do início da psicografia.

Durante as conversas, quase sempre ligeiras, Baccelli pede mais detalhes aos visitantes sobre seus entes queridos e as circunstâncias da morte. Informações como nomes de avôs e avós são anotadas por ele, muitas vezes, em pequenos pedaços de papel, levados mais tarde até a mesa do salão principal, o palco da psicografia.

Quem organiza a fila é um carteiro aposentado de Uberaba, o seu Paulo, sempre simpático e dedicado. Ele se posiciona em frente à porta da saleta, que se fecha assim que cada visitante entra.

Neste sábado, ele está preocupado com a família que veio de carro de Florianópolis em busca de uma mensagem do filho morto. Foram dezenove horas de viagem.

O pai do jovem está na fila e recebe instruções solidárias do seu Paulo:

— Capricha, hein? Conta tudo pro médium pra você receber sua mensagem.

O pai entra sozinho na saleta e, para alívio do seu Paulo, fica quase três minutos lá dentro.

— Este deve receber a cartinha — prevê o ex-carteiro, agora encarregado da correspondência entre vivos e mortos.

O seu Paulo quase nunca erra.

Juraci está no final da fila, decidida a revelar o menor número de informações possível a Baccelli. Ela quer voltar para São Paulo com uma "prova".

Mas hoje a decepção é garantida. Às 6h 16 em ponto, o seu Paulo avisa:

— Acabou.

Quem está na fila deve voltar no dia seguinte — de preferência mais cedo.

Uma bandeja com sucos, queijos e torradas é levada até a saleta pelo principal assessor de Baccelli, Luís, comerciante de roupas na cidade. Ao contrário de Celso, Baccelli tem autorização para se alimentar antes da sessão.

Em breve, devidamente alimentado, ele vai se sentar à mesa no salão principal, fechar os olhos e deixar a caneta deslizar sobre o papel ao longo de mais de duas horas seguidas.

Durante toda a sessão, palestrantes vão se revezar na leitura e análise do livro *O Evangelho segundo o espiritismo*. As mães que madrugaram na fila, agora na platéia, vão se dedicar ao sono pesado ou à oração.

É preciso "mentalizar" e torcer pela "conexão" entre o médium e o espírito.

Silêncio na platéia. São 6h 35 da manhã. Baccelli assume seu lugar à mesa, em frente a um pôster de Kardec, pendurado na parede, e ao lado de uma assistente, encarregada de substituir cada página psicografada por outra em branco.

Vai começar a sessão. Os mortos vão falar... e Juraci, mais uma vez, alimenta esperanças.

— Me disseram que, às vezes, nem é preciso conversar com o Baccelli para receber a mensagem. Quem sabe?

Ela entregou ao seu Paulo um papel com os nomes dos filhos e as datas de nascimento e morte deles.

Quem sabe?

Esta pergunta nos persegue.

Enquanto Baccelli psicografa, a mulher dele, Márcia, mãe de seus dois filhos, inicia a primeira palestra da manhã e aproveita para descrever os "bastidores invisíveis" de uma sessão de psicografia como aquela:

— O corpo do médium se transforma em laboratório de energia. Os lobos frontais são tomados por uma corrente de força energética. Os espíritos tocam, com os dedos, a memória do médium. O médium é uma ponte entre dois mundos.

Em seguida, ela cita a epífise e os "benfeitores espirituais" responsáveis por unir o médium a cada "espírito comunicante".

Uma comitiva de Votuporanga, interior de São Paulo, também participa da sessão. São companheiros espíritas e admiradores de Baccelli. Um deles carrega um violão e, às sete da manhã, inicia uma cantoria capaz de despertar os mais sonolentos.

Caridade, caridade,
estrela de brilho findo,
o que resta é vaidade,
que o tempo vai consumindo.

Esta é uma das estrofes. Há outras, muitas outras. A cantoria vai pontuar toda a sessão, entre uma palestra e outra.

— Que psicografia bonita a deste homem — Juraci comenta, enquanto observa o médium de olhos fechados e expressão, muitas vezes, atormentada.

A testa se franze, os olhos cerrados se movimentam de um lado para o outro, a boca se retrai como se estivesse prestes a despejar no salão um choro convulsivo ou um grito desesperado, o corpo se move como se fosse sacudido por um choro seco, profundo, sem lágrimas.

De olhos fechados, Baccelli parece reler cada página coberta de garranchos antes de passar para a página seguinte.

Enquanto o médium passa para o papel histórias de dor, saudade e renascimento, folheio alguns livros assinados por ele em parceria com os co-autores espirituais.

O supervisor de sua obra é o "Irmão José". O espírito responsável pelos livros escritos sobre o processo mediúnico é o doutor Odilon Fernandes, cirurgião-dentista de Uberaba morto em 1973. Outro parceiro espiritual de Baccelli, cada vez mais atuante, é o Inácio Ferreira, ex-diretor clínico do hospital psiquiátrico Sanatório Espírita de Uberaba, narrador do polêmico *Na próxima dimensão.*

Consulto, discretamente, um dos capítulos de *Falando de mediunidade*, assinado por Baccelli e Odilon Fernandes. Abro numa página qualquer: "O que estará a nossa palavra refletindo? Luz ou sombra? Estará a serviço do bem ou do mal? O que pretendemos?".

Outros trechos chamam minha atenção:

> *A psicografia não é um fenômeno que se restringe à escrita: a rigor,* **o bom médium psicógrafo carece de incorporar a idéia e a emoção da entidade comunicante...**

O negrito e as reticências são do texto original.

No capítulo "Sintonia útil", de *Falando da mediunidade*, o mesmo Odilon aprofunda o assunto:

> *Às vezes, médium e espírito necessitam trocar de posição:* **ao invés de o médium incorporar o espírito, digamos que seja o espírito que incorpore o médium.**

O negrito também faz parte do texto original.

Juraci sai do salão para fumar um cigarro — desde a morte do segundo filho, ela retomou o hábito abandonado seis anos antes. Meia hora depois, está de volta com uma história para contar.

Conversou com um dos idosos do asilo e ouviu dele um desabafo nada espírita:

— Que reencarnação, que nada. Se eu voltar pra esta vida, eu não agüento não. Deus me livre.

Para passar o tempo, folheio outro livro de Baccelli, *Aprendendo com a morte*, escrito em parceria com o dentista Pedro A. Bonilha. Numa das páginas, está o fac-símile da carteira de identidade de um jovem chamado Esber Mickhael R. Esber, morto aos treze anos, em fevereiro de 1994. Logo abaixo, uma mensagem assinada por ele, psicografada por Baccelli. A assinatura na carta é idêntica à do documento.

Quem sabe?

A cantoria de Votuporanga continua.

Já são quase oito e meia da manhã, quando Baccelli interrompe a escrita, abre os olhos e bebe um copo de água. Vai começar o passe magnético, a terceira etapa do processo que começou com os encontros a porta fechada na saleta e continuou com a longa sessão de psicografia.

Médiuns disponíveis no salão dão passes magnéticos em cada visitante. Somos mais de 150 no salão lotado. Baccelli se enxuga com um lenço, boceja várias vezes. Eu tomo passe e fôlego.

Vai começar a leitura das mensagens da manhã.

Nenhuma delas é endereçada a Juraci.

Uma das cartas chama atenção especial pela crise de choro provocada na platéia. Um choro profundo, desesperado, que começa com lágrimas e soluços e termina com berros, gritos de dor e de saudade.

> *Querido papai Manoel João, querida mamãe Maria Therezinha,*
> *Esqueçamos o acidente de que fui vítima. Imaturidade aos 23 anos de idade...*

Os avós são citados, com nomes e sobrenomes, entre detalhes sobre as circunstâncias da morte: um acidente de carro.

Quando a sessão termina, aproximo-me da mãe, ainda aos prantos, ao lado do marido contido e tenso.

Demoro a reconhecê-lo.

É o pai de Florianópolis, instruído pelo solidário seu Paulo.

Dona Maria Therezinha não tem nenhuma dúvida: o filho dela está vivo.

O seu Manoel João responde antes que eu tenha tempo de perguntar:

— Tudo o que está na mensagem eu contei para o médium lá na sala — ele diz.

Dona Maria Therezinha enxuga as lágrimas.

O filho dela está bem. E é isto que interessa.

Logo depois da sessão, eu me sento à mesa com Carlos Baccelli. Juraci acompanha a conversa, testemunhada também pelo seu Paulo.

A entrevista começa com revelações sobre a infância e a convivência com Chico Xavier e se encaminha para o tema central deste livro: a psicografia.

Baccelli pratica e estuda o tema e fala em tom quase professoral.

— Quanto mais o médium se prepara, mais ele abre canais à comunicação com os espíritos — ensina. — O contato de uma dimensão à outra é feito, basicamente, através do pensamento. Durante a sessão, a sensação que eu tenho é de que os espíritos ligaram uma tomada na minha cabeça. É como se fosse uma corrente elétrica.

Mas a ligação não é direta. A comunicação entre os dois mundos, segundo Baccelli, é uma parceria.

— Às vezes o espírito lança a idéia e o médium reveste esta idéia com palavras usando, para isto, seus recursos e seu vocabulário.

O médium seria co-autor de cada mensagem.

Depois da teoria, chegamos à prática:

— Por que o senhor... digamos... "entrevista", antes da sessão, os visitantes que vêm aqui em busca de mensagens? Por que são necessárias tantas informações?

Baccelli tem uma resposta pronta:

— O trabalho de psicografia não é só dos espíritos. É do médium também. O médium é parte integrante da equipe espiritual e deve ser o guardião da autenticidade de cada mensagem.

A coleta de informações antes da sessão teria, segundo o médium, as seguintes funções: facilitar a sintonia com os espíritos e preservar o trabalho de qualquer "fraude maledicente".

— Este, Baccelli, é um cenário de dor, fé, esperança e de desconfiança também. Muitos pais duvidam da autenticidade das mensagens quando encontram, nas cartas destinadas a eles, dados já revelados ao senhor — argumento.

Baccelli reage com calma:

— Este não é um problema meu. Não cabe ao médium duvidar. As pessoas duvidam até da existência de Deus, apesar de estarem diante da maior evidência de todas: a criação do mundo.

A resposta se prolonga:

— Normalmente as pessoas não querem apenas uma simples mensagem. Elas estão aqui porque querem o filho de volta, e isto as mensagens não conseguem fazer. Cada mensagem é de conforto, de esclarecimento, mas não é de convicção para aquele que não quer crer. A fé é uma conquista individual. Nós não nascemos com fé. A fé, como a paciência, como tudo, é uma conquista. A mensagem é um material de reflexão.

A conversa se encerra com uma citação de Paulo de Tarso:

— A profecia não é para os que duvidam, é para os que crêem — diz Baccelli.

Parte III
Outros caminhos

E agora? Era esta a pergunta que Juraci e eu nos fazíamos na volta de Uberaba. "Eu quero uma prova", ela repetia. A partir de agora começa uma nova etapa desta peregrinação. Centro Perseverança, em São Paulo, Centro de Altos Estudos da Conscienciologia, em Foz do Iguaçu, centro de uma médium misteriosa chamada dona Lúcia (nome fictício para preservar a identidade da médium), no Rio de Janeiro. Estes são alguns caminhos a seguir nesta busca. Que Juraci encontre o que tanto procura.

"A Branca Maria perguntou por mim?"

No fim da tarde, eu e Juraci voltamos a São Paulo sem a prova procurada por ela em Uberaba. Atormentada pela saudade e pela dúvida sobre a situação dos filhos na outra dimensão (ela acredita que eles estão vivos em outro plano), Juraci sofre todos os dias.

Sonha com eles, cheira suas roupas, vê e revê suas fotos, reza para que eles estejam bem, protegidos, cuidados.

As lágrimas escorrem pelo seu rosto enquanto ela se lembra dos últimos momentos no hospital ao lado de Felipe, vítima de câncer aos dezesseis anos.

— Eu vejo minhas lágrimas escorrendo sobre o rosto dele.

Nos últimos trinta dias de vida, Felipe ficou em silêncio quase absoluto no CTI. Um silêncio só quebrado quando ele berrava "mãe". Um pedido de socorro.

As lembranças de Felipe voltaram com força — e com sofrimento muito maior — desde o assassinato de Daniel. Hoje Juraci revive o luto de seis anos atrás e sente as dores da nova perda, minuto a minuto, sem saber quando tanta agonia vai passar.

— Quando perdemos os pais perdemos parte do nosso passado. Quando perdemos um filho perdemos o futuro — ela diz.

A prática da caridade talvez a ajude, admite, mas não agora. Hoje Juraci precisa chorar e precisa acreditar mais, antes de ter força para ajudar o outro.

— O luto dura em geral três anos — ela afirma.

No início, durante cerca de seis meses, os pais enlutados vivem o choque da perda do filho, sem entender ou aceitar que ele ou ela se foi de vez e não vai mais telefonar, tocar a campainha ou simplesmente abrir a porta e entrar. Cartas, contas de banco ou convites para festas costumam chegar para os jovens mortos e um ou outro desavisado ainda liga à sua procura.

Em seguida, uma outra dor se manifesta com mais clareza. Os pais sofrem também, profundamente, pela perda que o filho sofreu, pela vida que ele ainda teria pela frente e nunca viverá: as alegrias da escola ou da universidade, as descobertas do sexo, a criação dos próprios filhos. Este segundo sofrimento dura a vida inteira, pois cada nova experiência, por mais alegre que seja, trará sempre, para os pais enlutados, uma sombra embutida: "Meu filho está perdendo isso".

O terceiro tipo de sofrimento — que muitos pais sofrem em silêncio — é pela vida que eles próprios poderiam ter se aquele filho ainda estivesse vivo. As viagens juntos, o orgulho de vê-lo formado, a correria dos netos pela casa.

São estas as dores difíceis de entender por alguém "de fora" (como os pais enlutados costumam definir quem não sofreu perdas semelhantes). Dores que Juraci conhece muito bem.

Em seu celular, uma frase se destaca no painel: "Deus Nosso Pai". O texto foi digitado ali por Daniel e vai ficar ali para sempre se depender da mãe. Um dos dois carros dele está num estacionamento pago em São Paulo há 45 dias. Nem ela nem o marido tiveram coragem, até agora, de buscar o automóvel preferido do filho. O outro carro está no estacionamento da delegacia, onde passou por uma perícia.

No sítio da família, a quase 600 km de São Paulo, as árvores frutíferas plantadas por Felipe dão frutos. Uma das mangas colhidas no ano passado pesava um quilo. Felipe não estava lá para saborear a fruta. No quintal da casa em São Paulo, peixes gigantescos nadam no aquário de quase três metros de extensão, projetado por ele e construído pelo pai.

Juraci às vezes pensa em se desfazer da casa, mas desiste do projeto quando vê o aquário do filho lá.

— Como vou transportar este aquário?

Depois de uma pausa, ela repete uma espécie de mantra:

— Dói demais. É muito complicada esta dor.

Brames, o marido, executivo de uma grande empresa de São Paulo, vai nos buscar no aeroporto. Para mim, ele é um cético, desses que não acreditam em nada. Sem cuidado nenhum, dou um *briefing* da nossa viagem a Uberaba:

— Nada. Nenhuma mensagem — digo.

Os olhos dele ficam marejados, a voz embarga e Brames mal consegue dizer duas palavras:

— Que pena...

E ele repete:

— Que pena...

Estou diante de um pai minado por uma dor silenciosa, menos exposta do que a dor de Juraci.

Com o tempo, aprendo que o pai e a mãe têm maneiras diferentes de expressar a dor da perda de um filho. Eles sofrem juntos, profundamente, com a mesma intensidade, mas de maneiras distintas.

Brames não é tão cético como eu imaginava. Ele duvida do conteúdo das mensagens psicografadas de seus filhos, mas acredita na sobrevivência do espírito.

— Se eu não tivesse esta certeza, já teria me matado — afirma.

E eu acredito nele.

Brames não se conforma com as mensagens assinadas por Felipe. A ligação dele com o filho caçula era de absoluta intimidade, de convivência diária, estreita, durante toda a vida e toda a agonia do câncer em casa e no hospital.

— Não é possível que, nestas mensagens, o Felipe não me fale dos nossos momentos juntos, de tantas coisas que fizemos um com o outro.

Só aquela lista de nomes amontados no papel em mensagens destinadas a comprovar a sobrevivência do espírito e difundir a resignação não o convencem nem o consolam.

Hoje ele e Juraci tomam café da manhã sozinhos na mesa onde antes se sentavam quatro. Ao entrar no carro, Juraci pergunta ao marido:

— A Branca Maria [*cadela do casal*] sentiu minha falta? Perguntou por mim? — ela ri e Brames responde sério:

— Ela não disse nada não, mas sentiu falta da mãe sim.

Relatamos a Brames nossas impressões de viagem e Juraci encerra a conversa com uma frase decisiva:

— Preciso encontrar a certeza dentro de mim e não numa mensagem.

A agenda do dia seguinte está carregada. A peregrinação continua em São Paulo.

"Uma senha para o abraço"

— As tias vão nos dar uma carona — avisa Juraci.

Demoro um pouco a identificar nossas guias. As tias são Marlene e Cilene. As sobrinhas, Vanessa e Caroline. As meninas mortas no acidente de carro e psicografadas por Celso de Almeida Afonso na noite em que Juraci e eu nos conhecemos.

Conheci o pai e a mãe delas, Nelson e Vilma, e uma das tias, Cilene, em Uberaba. Naquela noite, confesso, mantive distância dessa tragédia. O câncer de Felipe e o assassinato de Daniel, filhos de Juraci, já tinham me abalado o suficiente.

Mas hoje não vai dar para escapar.

Entramos no carro dirigido por Marlene rumo ao próximo destino da nossa viagem: Centro Perseverança, Vila Invernada, São Paulo, capital.

Neste centro, as tias e os pais de Vanessa e Caroline já receberam notícias assinadas pelas meninas. A primeira mensagem surgiu no dia 20 de dezembro de 2003, quase quatro meses depois do acidente, através de uma das médiuns do grupo, Tetê.

A viagem de carro até o Perseverança é longa o suficiente para que todos os detalhes da tragédia se revelem. Quase não faço perguntas. Marlene dirige, chora e lembra o que não consegue esquecer nem calar.

Dia 23 de agosto de 2003. Nelson está ao volante, ao lado da mulher. Vanessa, catorze anos, e Caroline, oito anos, estão no banco de trás. A família viaja de Campina Grande, onde mora, a São Paulo. As meninas estão com saudades das madrinhas, Marlene e Cilene, irmãs de seu pai e insistiram para viajar à noite e acordar logo na casa das tias.

A viagem termina pouco depois da meia-noite, na rodovia Marechal Rondon, em Araçatuba, quando um motorista bêbado sai de um motel acompanhado pela amante casada e cruza a pista de repente. Caroline, a caçula, morre três dias depois. Vanessa sobrevive um dia a mais.

Traumatismo craniano — a causa da morte.

Os quartos das meninas continuam intocados na casa dos pais. Quase todos os dias, a mãe Vilma vai ao cemitério cuidar do memorial construído em homenagem às filhas e rezar por elas. Nelson, o pai, lê e relê *O Evangelho segundo o espiritismo* e alimenta, todos os dias, com estudos e oração, a fé em Deus.

Um dos trechos preferidos é o capítulo 5, "Bem-aventurados os aflitos":

> *Desde que se admita a existência de Deus, ninguém o pode conceber sem o infinito das perfeições. Ele necessariamente tem todo o poder, toda a justiça, toda a bondade, sem o que não seria Deus.*
> *Se é soberanamente bom e justo, não pode agir caprichosamente, nem com parcialidade. Logo, as vicissitudes da vida derivam de uma causa e, pois que Deus é justo, justa há de ser essa causa.*

Por quê? Como aceitar a perda de duas filhas? Com fé numa explicação repetida à exaustão em todos os centros espíritas visitados pela família, numa peregrinação sem fim, iniciada depois da tragédia: "o acidente estava programado há muito tempo" e era inevitável. As crianças assumiram este compromisso antes de reencarnarem. Era o resgate delas, dos pais, das tias.

O consolo da família, antes católica, é o mesmo agora: as mensagens psicografadas no Perseverança e no centro de Celso. As cartas das meninas aliviam a dor e a saudade. Nelson, Vilma, Marlene e Cilene não têm nenhuma dúvida: Vanessa e Caroline, tão lindas, estão vivas e unidas como antes do acidente.

São muitas as evidências listadas pelas tias a caminho do centro.

Na primeira mensagem do Perseverança, Vanessa demonstra o estilo de sempre ao contar as novidades do mundo de lá:

> *No começo fomos tratadas com muito carinho num hospital. Depois, mesmo não estando mais lá, a gente precisava passar por um tratamento de fortalecimento. Era como uns passes de transfusão de energia. Daí fomos para uma escola e lá conhecemos jovens super legais. Parece que já tínhamos amizade de longa data. Caroline foi para uma turma e eu para outra.* [...]
> *Sobre o que temos feito é isso. Vamos nos preparar para o próximo ano, partir para outras atividades e aí, quem sabe, "pinta" uma tarefa, não é mesmo?*

— Ela repetia sempre "bem legal", "superlegal". É o jeito dela — lembra Marlene.

Outro detalhe que chama sua atenção é a despedida:

> *Caroline também está lhes mandando uma beijoca.*

— Ela usava muito esta palavra: beijoca. Tudo era beijoca para ela.

Numa das cartas assinadas por Caroline, a despedida é ainda mais efusiva:

> *Beijos, beijocas, beijinhos, beijões.*

Na mensagem de Carol psicografada por Celso, outro detalhe é apontado pelas tias como evidência: a referência a um sonho descrito pela prima das meninas, Greicy, logo depois da tragédia:

Diz a Greicy que nosso encontro foi aquilo mesmo.

No sonho, as primas se encontravam.

Na noite em que esta mensagem foi psicografada por Celso, Vilma, a mãe, começou a mudar. Ao sair do centro, ela abriu um sorriso pela primeira vez depois da morte das filhas e disse:

— Tô com vontade de sair correndo e cantando embaixo desta chuva.

As lágrimas escorrem em todos os rostos do carro. São muitas as lembranças das meninas.

Aos dez anos, Vanessa sofreu com a morte do avô Luiz Lino, vítima de um derrame cerebral. O sofrimento foi tanto que ela escreveu uma carta e a colocou dentro de um envelope lacrado Remetente: "Um segredo da Vanessa", ela identificou e escreveu ao lado: "Não abra por favor enquanto eu estiver viva".

Era uma carta para Deus:

Senhor

No dia 11 de setembro, um sábado, aconteceu uma coisa que eu nem imaginava que iria acontecer. Meu avô Luiz Lino de Lima morreu. No começo, foi triste de entender porque aquilo aconteceu em um momento tão inesperado para mim [...]
Às vezes fico a pensar por que as pessoas morrem um dia! Mas nunca encontro a resposta certa. [...]

A carta termina com uma "Oração pelos falecidos":

Dá-lhes, senhor, o descanso eterno. Brilhe para eles luz perpétua. Que descansem em paz. Amém!

Esta é uma das lembranças guardadas de Vanessa. Há outras, como as anotações feitas por ela no "risque-rabisque" do escritório da tia Marlene:

Ninguém tira a minha vida,
Eu a dou por mim mesma,
Tenho poder de entregá-la
E tenho poder de recebê-la
Novamente:
Esta é a ordem
Que recebi de meu pai.

A assinatura: "Vanessa — sem data marcada para não virar passado".

Caroline, a caçula de oito anos, também deixou escritos na agenda. Um dos textos, sem assinatura, reúne uma série de interrogações pré-adolescentes:

Onde estou?
Onde estou?
Que mundo é este?
Tudo gira muito rapidamente e eu estou parada no meio
Deste vendaval
Mas um dia isto tudo vai parar...

Hoje, a caminho do Perseverança, as tias levam as fichas cadastrais das meninas, consultadas nas sessões de psicografia realizadas no centro todas as noites, de segunda a segunda, por uma equipe de médiuns.

Cada ficha exibe a foto do "desencarnado" e reúne as seguintes informações básicas: data de nascimento, data de falecimento, causa da morte, nomes de parentes (Marlene e Cilene estão lá com os devidos sobrenomes) e nomes dos solicitantes (Vilma e Nelson).

Para solicitar uma mensagem é preciso entregar a ficha aos assistentes e esperar pelo fim da sessão conduzida, quase sempre, pela fundadora da instituição, dona Guiomar.

O Centro Perseverança é um complexo gigantesco, bem diferente dos endereços kardecistas — simples e discretos — espalhados pelo Brasil. Ocupa dois quarteirões inteiros e abriga, no salão principal, mais de 4 mil pessoas sentadas. É uma espécie de "Igreja Universal" do Espiritismo, mantida por mais de 5 mil trabalhadores — quase todos uniformizados —, que se reúnem em 62 grupos de oração e ajudam a administrar onze creches para mais de 2 mil crianças da periferia.

Dona Guiomar, 76 anos, velha amiga de Chico Xavier, é a dirigente desse conglomerado e nos recebe, a mim e Juraci, para uma conversa pouco antes da sessão da noite começar.

O guia espitual da casa, ela diz, é o doutor Bezerra de Menezes, conhecido, quando vivo, como o "médico dos pobres". Quem estabeleceu a parceria entre o "mentor" e ela foi Chico, num encontro em Uberaba em 1964.

— Dona Guiomar, vejo a luz do doutor Bezerra nos seus olhos — ele disse.

Dez anos antes, ela teve a primeira visão do espírito do médico, mas nunca pensou em se tornar dirigente de qualquer centro, apesar de ter nascido, segundo ela, com uma vidência espantosa. Algumas visões eram assustadoras: cabeças decepadas, membros expostos, tudo acompanhado pelo som de gritos lancinantes.

Filha de pais protestantes, ela foi levada a um pastor. O veredicto veio rápido:

— Minha irmã está fraca na fé.

Foi o suficiente para Guiomar se afastar do protestantismo e se aproximar da "religião do demônio", nas palavras do pastor: o espiritismo. Em pouco tempo, já aplicava passes em visitantes e abria as portas de sua casa para atender aos mais necessitados.

Em 1964, durante uma peregrinação em Uberaba, Chico a chamou para uma conversa a sós.

— Guiomar, minha filha. Você está aplicando passes em casa e fazendo atendimentos lá? Bezerra está pedindo para você não fazer isto na sua casa não. Atende até embaixo de uma árvore, mas, em casa não. Antes dos perturbados chegarem, chegam os perturbadores...

Vieram então as instruções que deram origem ao Perseverança:

— Você abre o centro e, durante dois anos, se dedica ao evangelho e ao passe. Não faça intercâmbio não.

Intercâmbio, neste caso, é a comunicação com os espíritos.

O trabalho começou com o batizado do centro.

— Bezerra foi quem escolheu o nome, "Perseverança" — ela conta.

Ao longo dos anos, dona Guiomar levou grupos de médiuns para conversar com Chico em Uberaba e ouviu dele vários conselhos sobre a psicografia e o quanto este trabalho deveria ser conduzido com rigor e responsabilidade.

— Pois é, Guiomar. Eu sou tão grato ao Emmanuel. Depois de três anos de psicografia, ele me disse: "Queima tudo o que você já escreveu e começa agora, de novo".

Segundo Chico, o psicógrafo deveria praticar muito, intensamente, para se tornar um intermediário fiel e preciso entre os espíritos e o homem. No Perseverança, médiuns se revezam para atender a mães e pais vindos de todo o Brasil.

No terceiro sábado do mês — o "Sábado da Mães" — o trabalho se intensifica e, numa noite, chegam a ser produzidas e distribuídas mais de vinte mensagens, escritas por um grupo de cinco a seis psicógrafos. É uma linha de montagem.

Converso com dona Guiomar sobre o risco de o psicógrafo se perder no meio do caminho e ser traído pelo próprio inconsciente ou pela tentação de produzir mensagens a partir de informações fornecidas pelos destinatários.

Dona Guiomar responde com honestidade:

— Eu não teria coragem de ser psicógrafa. Jamais me exporia ao perigo de me equivocar. A psicografia é um terreno minado.

E como este terreno é cultivado no Perseverança?

Dois médiuns, Miguel Formiga, o Miguelzinho, e o irmão, Kito, supervisionam o trabalho e seguem uma instrução básica de dona Guiomar: a de não ter o compromisso de comprovar a autenticidade dos textos com informações exibidas como evidências.

Nas mensagens de Caroline e Vanessa, constam apenas os nomes preenchidos nas fichas.

Uma das amigas mais céticas de Juraci, Mariazinha, buscou e conseguiu consolo no Perseverança, quatro meses depois da morte da filha, Daniela, de vinte anos. A jovem estudava Comércio Exterior e iniciava o primeiro estágio profissional de sua vida, numa grande empresa, quando começou a ter febres inexplicáveis. O diagnóstico dos médicos veio rápido e fulminante: leucemia.

Em uma semana a jovem já estava na UTI, submetida a sessões de quimioterapia. Foram quatro meses de agonia até a morte. Os cabelos longos se foram, a voz se perdeu na traqueotomia, a jovem linda ficou irreconhecível. Nesse período, os pais e as filhas se comunicavam, através do vidro do CTI, com a ajuda de cartazes. Uma das últimas mensagens da filha: "Minha família é maravilhosa".

No dia 17 de dezembro de 1997, Daniela morreu. Faltava uma semana para a noite de Natal.

Mariazinha tira fotos da filha da bolsa e eu não tenho coragem de dizer o que muita gente deve repetir para ela todos os dias — e o que o espelho deve revelar a cada manhã. Mãe e filha eram muito parecidas, quase idênticas.

— No momento da morte, eu me senti vazia, vazia. Veio a sensação do nada — lembra Mariazinha.

Vazia por dentro, ela agendou uma conversa com dona Guiomar e ouviu dela palavras de consolo. A "passagem" tinha sido tranqüila, Daniela estava bem, cada vez melhor. Depois dessa conversa inicial, Mariazinha foi encaminhada a um dos médiuns supervisores do centro, Miguelzinho, e o incrível aconteceu.

O médium viu a foto de Daniela cercada pelas amigas e não teve dúvidas: disse o nome de cada jovem, apesar de nunca ter visto nenhuma delas antes. Em seguida, mandou um recado para a mãe: que ela tivesse mais carinho com a Lisandra. Lisandra era uma das amigas de Daniela com quem Mariazinha nunca teve muita afinidade.

Esta conversa — mais do que qualquer mensagem — levou Mariazinha a acreditar na sobrevivência do espírito e na hipótese de Daniela estar viva, sim, em outra dimensão.

As sessões de psicografia no Perseverança são menos convincentes. Os cadastros sobre os "desencarnados" preenchidos pelas famílias ficam à disposição dos médiuns durante as sessões públicas realizadas no salão principal do Perseverança, e durante as palestras da noite, quase sempre conduzidas por dona Guiomar.

Mais do que palestras, a fundadora do Perseverança apresenta um espetáculo de fé, embalado por música ao vivo e muita cantoria.

Estamos mesmo na Igreja Universal do Espiritismo e eu tenho a certeza disto quando me despeço de dona Guiomar, vou para o salão principal do centro com as "tias" e Juraci e passo a acompanhar a sessão no auditório lotado.

Um dos voluntários uniformizados do centro assume o microfone e convoca, antes da entrada triunfal de dona Guiomar:

— Quem tem a senha para o abraço pode se aproximar.

Que senha para o abraço? Eu e Juraci nos entreolhamos. A explicação vem em seguida:

— Quem tem a senha para o abraço da dona Guiomar pode vir até aqui.

O palco da celebração é um púlpito elevado no centro do salão, sob uma cúpula azulada pintada com a imagem de Cristo. Nesse palco iluminado, está um cartaz gigantesco com a imagem ampliada do até então discreto doutor Bezerra de Menezes, o "médico dos pobres". Uma imagem que quase desaparece quando dona Guiomar entra em cena, às oito da noite em ponto, assume o microfone e exorta todos a ter fé e força.

— Pai Nosso, que estais no céu — ela puxa a prece e o salão a acompanha em coro.

— Não estamos aqui a passeio não — discursa em seguida.

— A maior pregação não é a palavra. É a atitude.

— Na casa do meu pai há muitas moradas.

— Nós temos em nós o tribunal da nossa consciência.

Estas frases reverberam no salão, multiplicadas pela profusão de caixas de som, enquanto dona Guiomar se dirige a todos como "gente minha", "minha gente", "gente nossa".

— A minha paz eu vos dou. A minha paz, eu vos deixo — ela diz, pouco antes de descer do púlpito e sair escoltada pelos trabalhadores do centro.

Eu não tinha a senha para o abraço, as tias das meninas não conseguiram entregar as fichas para psicografia a tempo e Juraci sai sem entender o que aconteceu.

— O que foi isto?

— É o espetáculo da fé, Juraci.

Parênteses

Desde o início, antes de começar a escrever este livro, tomei uma decisão: a de eliminar adjetivos do texto e apostar tudo na força do verbo e do substantivo. Eu não julgaria.

Daria ao leitor a liberdade e a responsabilidade de tirar suas próprias conclusões a partir dos fatos descritos com o máximo de isenção e objetividade.

Abro um parêntese agora.

Brutal, absurda, quase insuportável. Estes adjetivos acompanham, sem exageros, a dor da perda de um filho. E é neste universo que estou mergulhado agora para tentar entender e medir o impacto de mensagens psicografadas.

Depois de acompanhar a sessão no Perseverança, tive um encontro com pais e mães do Grupo Fraterno Nossos Filhos Nossos Amigos, em São Paulo. São cerca de 25 pessoas — empresários, donas de casa, professoras, comerciantes, uma psiquiatra —, todas marcadas pela dor da perda e reunidas, a cada semana, para dar algum "colo" uns aos outros e enxugar lágrimas juntos em meio à leitura de trechos de *O Evangelho segundo o espiritismo*, de Kardec, e lembranças dos entes queridos.

Um cartaz, numa parede da sala modesta, localizada num sobrado da cidade, exibe imagens de jovens e crianças sorridentes unidos numa colagem póstuma. Estão todos ali, os filhos que já se foram.

No Grupo Fraterno ninguém tem dúvidas: os "mortos" (com aspas) estão no Mundo Maior, em outra dimensão, vivos porém distantes, inacessíveis a um abraço, um beijo, um presente de aniversário, um cartão de Dia das Mães.

É um universo de saudade, de solidariedade... e também de solidão.

— Um dia, logo depois da morte do meu filho, encontrei uma amiga no supermercado e ela me perguntou pelas crianças. Contei o que tinha acontecido e fiquei sozinha no corredor, entre as prateleiras. Ela virou as costas sem dizer uma palavra e sumiu. Nunca mais apareceu.

As pessoas "de fora" — como eu — muitas vezes não sabem como reagir a tragédias como a perda de um filho.

O que dizer? Há algum consolo possível? Que palavras não soariam fora de lugar? Tantas dúvidas talvez provoquem reações como aquela: a fuga.

Os pais que perderam filhos precisam de apoio e precisam falar sobre eles (os filhos) também. Este é um fato neste universo. Mas este desejo de falar, quase uma compulsão, também afasta os amigos que não viveram o mesmo trauma.

Muitos pais sabem disto, mas não conseguem se conter, porque as imagens e lembranças dos filhos voltam a todo momento, todos os dias, de repente.

No supermercado mesmo, por exemplo.

— Eu não conseguia passar pelas estantes com os biscoitos e iogurtes preferidos dele. Desabava numa crise de choro —, conta outra mãe do Grupo Fraterno.

Todos na sala concordam.

E por que aqueles pais, que confiam tanto na vida depois da morte, sofrem tanto com a separação "transitória"? Por que muitos deles vão a centros espíritas em busca de mensagens psicografadas? Não basta saber que eles estão vivos em outra "morada"?

Nem sempre. Eles são pais e precisam de respostas para perguntas básicas de todo pai: meu filho (ou minha filha) está bem? Está se alimentando direito? Está protegido? Quem está cuidando dele?

No início, logo depois da tragédia, as perguntas são ainda mais duras e confusas:

Será que ele sofreu? No que pensou pouco antes de morrer? Por que não consegui salvá-lo? Onde ele está agora? Por que Deus deixou isso acontecer? Por que ele e não eu? Será que ele consegue me ouvir? Voltarei a ver meu filho? Como vou conseguir dormir? Como vou conseguir me levantar? Será que estou ficando louco? E será que isto importa?

Estas perguntas-chave foram listadas no livro *O significado da vida*, escrito por Richard Edler, publicitário americano atordoado pela morte do filho caçula, Mark, de dezoito anos. Este é o livro de cabeceira de Juraci Quirino, ao lado de *O Evangelho segundo o espiritismo*.

A epígrafe na primeira página é a seguinte:

> *Quem está de luto tem de percorrer o vale. Não pode acampar ali.*

Folheio o exemplar de Juraci e encontro nele algumas frases sublinhadas a caneta. Uma delas é trágica:

> *Não há nenhum raio de sol por trás da nuvem negra da morte de um filho. Não tente encontrá-lo.*

A outra é um aviso aos "de fora":

> *A verdade é que os pais enlutados desejam ardentemente contar sua história, responder a perguntas do tipo "O que aconteceu" ou "Qual era o nome dele" ou "Quanto tempo faz?". Quem perde o filho quer realmente falar sobre ele e não fingir, falando baixinho, que o filho não existe e passar logo para a previsão do tempo.*

Neste país em que tantos jovens são vítimas de armas de fogo e de acidentes de trânsito todos os dias, conselhos como estes podem ser úteis a multidões de sobreviventes.

Os companheiros de "dor" ou da "Grande Dor" — como muitos deles se definem — vivem impasses inimagináveis para quem nunca perdeu um filho. Um deles é provocado por uma pergunta banal:

— Quantos filhos você tem?

Juraci tem uma resposta pronta:

— Dois filhos. Os dois falecidos.

E o que dizer para consolar alguém que acabou de sofrer uma perda destas?

Um abraço forte é o suficiente. Um "conte comigo" também ajuda. Melhor do que repetir frases infelizes e comuns nestes momentos: "Pelo menos vocês têm outro filho".

Ou para os casais mais jovens: "Pelo menos vocês ainda podem ter mais filhos".

Um filho nunca substituirá o outro.

Outros consolos do tipo "é a vontade de Deus" ou "com certeza Deus estava precisando dele no céu" também são inúteis e dispensáveis. Os pais também estavam precisando dos filhos na Terra.

"Ele está agora num lugar melhor" é outro consolo inútil. O filho pode estar num lugar melhor, mas os pais preferiam, com certeza, que ele estivesse ali, ao lado dele, com sua família.

"Lamento muito. Muito mesmo", é uma boa frase.

"Luís Fernando?"

Quando volto para o Rio de Janeiro, minha mãe me conta uma história sobre meu filho, Antônio, de quatro anos. Eles foram a uma pizzaria juntos no último fim de semana — o mesmo restaurante onde minha mãe almoçou com um amigo, Renê, pouco antes de ele ser atropelado e morto diante do filho de oito anos, Luís Fernando.

Antônio carregava, sem saber, o iô-iô do menino, esquecido na casa de minha mãe na última visita do amigo antes do acidente.

A tragédia tinha acontecido há pouco mais de uma semana, mas Antônio não sabia de nada. Nem dos nomes de Renê e Luís Fernando, com quem nunca nos encontrávamos.

De repente, na pizzaria, meu filho olha para os lados e diz em voz alta:

— Luís Fernando? Não... Não tem Luís Fernando aqui não.

Depois de um breve silêncio, ele diz para o invisível:

— O corpo vai para o cemitério. O espírito vai para o céu, vai para o espaço.

Eu nunca conversei com o Antônio sobre estas questões, metafísicas demais para seus quatro anos. Minha mãe não comentou nada sobre a morte de Renê na frente dele — um assunto talvez assustador demais para sua idade.

— O que foi isto? — minha mãe pergunta.

Quem sabe?

Um bilhete para Frei Betto

O suspense continua. Toda quarta-feira à noite, vivo, em silêncio, a mesma expectativa. Em Brasília, o médium entra em transe e deixa a caneta deslizar sobre o papel. Na quinta-feira, torço para ele telefonar com uma boa notícia: chegou uma nova carta, um bilhete qualquer, da tia Lourinha.

E o telefone toca!

É ele!

Mas não é a tia Lourinha.

Chegou uma mensagem, na véspera, impressionante. Um bilhete do além. O destinatário: Frei Betto. Ele mesmo, o assessor de Lula, companheiro do presidente em muitas lutas, esperanças... e decepções.

A "antena" do médium captou o seguinte recado, nada católico:

Frei Betto,

Sou vosso amigo que um dia na escola esfaqueou a professora. A minha morte foi pelo suicídio. Peço perdão a Deus

Tarso Geron.

Quem sabe?

A pergunta volta a me assolar e entro em contato com Frei Betto por *e-mail* para tentar confirmar se existiu mesmo um amigo com aquele nome e aquele drama. A assessoria confirma a chegada da mensagem, informa que ele está viajando e que vai responder em breve.

Estimulado pelos assessores, envio também — através do *e-mail* do frei — a mensagem endereçada ao presidente Lula, atribuída à mãe dele.

— Vamos encaminhar nesta semana — a assistente diz.

Três dias se passam e ligo de novo. Nada. Nenhum retorno ainda.

Cinco dias mais e o silêncio continua. O mistério também.

Sim ou não? Frei Betto se lembra do episódio?

É esta definição que peço no terceiro telefonema da série.

Nem sim, nem não.

E continuo a esperar por notícias da tia Lourinha nas sessões de quarta-feira. Uma espera silenciosa, interrompida no dia 26 de maio, quando desembarco em Brasília para uma nova sessão.

Como da primeira vez, Lívia está acordada. Já passa das dez da noite. Enquanto a mãe tenta fazer a filha dormir, eu e o médium iniciamos uma nova viagem rumo ao desconhecido. Estou bem mais relaxado do que no primeiro encontro.

O médium inicia sua prece com a voz empostada, em "nome de Deus, de Jesus e dos amigos espirituais".

Não nos deixem sós com nossas inferioridades — pede.

Sobre a mesa, um livro monumental reúne as obras completas de Allan Kardec, uma edição em capa preta e dourada. Abro numa página qualquer e deparo com o item 266 de *O livro dos médiuns*.

> [...] *não há comunicação má* [com os espíritos] *que resista a uma crítica rigorosa. Os bons espíritos nunca se ofendem com esta* [a crítica rigorosa] *pois eles próprios a aconselham e porque nada têm a temer do exame.*

Quinze minutos depois do início da prece, o médium silencia e sua cabeça começa a pender de um lado para o outro lentamente. É o transe. Os olhos se fecham, a respiração fica ofegante e, em pouco tempo, resmungos dão lugar a palavras inteiras — "eu sou..." — e a frases ditas com voz grave e rouca.

Neste instante, sua mulher entra no quarto. Chega bem a tempo de acompanhar o início de uma conversa inesperada.

— Pode fazer as perguntas — a Voz diz, de repente, e eu nem sei por onde começar.

Ela já está sentada a meu lado, em frente ao marido, e faz um sinal com a cabeça em minha direção, como se dissesse: "É com você".

Lembro Clementino de Alencar. Chegou a hora de fazer a primeira entrevista com os espíritos.

— Quem é você? — pergunto.

A resposta demora cerca de três segundos para chegar. As palavras vêm aos poucos, em intervalos regulares.

— Sou a individualidade espiritual que, por enquanto, não falará de nomes passados. Sou aquele que vós conheceis, nesta encarnação, pelo nome de [*a Voz diz o nome do médium*].

Demoro a entender que estou conversando, na verdade, com o "espírito" do próprio médium, ou melhor, com sua individualidade espiritual.

— Sou a consciência ampliada de outras experiências que vão além da atual.

Eu me lembro de uma das lições básicas do espiritismo: a de que somos a soma de todas as nossas "encarnações" passadas.

Pois bem. Estou falando com a "consciência ampliada" do médium. Esta é a primeira revelação da noite.

Feitas as devidas apresentações, vou direto à pergunta-chave da minha investigação:

— É possível provar, cientificamente, a vida depois da morte e a autenticidade dos fenômenos mediúnicos?

Depois de três segundos de intervalo, a resposta chega gutural como antes:

— O fenômeno mediúnico é autêntico, mas não há nenhum equipamento na Terra capaz de comprovar sua autenticidade.

— Qual o caminho, então, para convencer os incrédulos?

Três segundos e a nova resposta vem grave e profunda:

— O impacto das experiências de dor e sofrimento espiritual é a única e melhor maneira de convencer o cético. As dores humanas fazem despertar a consciência dos incrédulos. Quando abalados no seu ego, eles acordam, por mais que voltem a dormir depois.

Pergunto sobre o paradeiro da tia Lourinha e a resposta chega com a mesma voz rouca, quase assustadora.

— A tia Lourinha tem acompanhado seus passos com freqüência muito grande desde que foi designada para te ajudar a perceber a realidade espiritual. Há condições energéticas e psíquicas nela para vossa integração. Aprenderás com o tempo a perceber a presença dos amigos espirituais.

Vou anotando as respostas no meu bloco.

— Ela está aqui?

Desta vez, a Voz não responde e passo, então, para a próxima pergunta, uma questão levantada por amigos espíritas:

— Chico Xavier acompanha o trabalho?

Exatos três segundos depois, a Voz desconversa:

— Por enquanto não devo falar de Chico Xavier. Se vos falasse atrapalharia vossa paz.

Faço um comentário sobre os riscos de fraude — ou de enganos do inconsciente — na psicografia e a Voz inicia um discurso pontuado por pausas e marcado por uma respiração ofegante:

— Quero falar da filosofia da vida, do horizonte espiritual, que é a vida viva e iluminada pelas leis do amor. O materialismo filosófico é fruto da revolta do homem contra as fraudes do passado. A verdadeira espiritualidade ficará sempre acima da fraude e do materialismo filosófico.

Pergunto se ele tem algum conselho a dar na condução desta minha investigação e a Voz se despede:

— O tempo está acabando acabando...

Já é quase uma da manhã, quando o médium pega uma das canetas que está sobre a mesa e, de olhos fechados mesmo, a equilibra sobre uma das páginas em branco dispostas diante dele. A respiração fica ainda mais ofegante. Vai começar a psicografia.

No início, a caneta se arrasta sobre a página, trêmula e pesada. Só com o tempo ela ganha leveza e velocidade.

Na penumbra, não consigo decifrar os garranchos.

— Tia Lourinha, tia Lourinha — mentalizo.

O próprio médium vira a página e assina o primeiro nome da noite.

A segunda mensagem é escrita a jato, em ritmo impressionante, bem diferente da primeira. O texto surge sem pausas e a caneta quase rasga o papel ao fim de cada linha.

A terceira mensagem volta ao ritmo lento, com caligrafia arredondada e nada vigorosa. É um texto sucinto.

Está chegando a hora. O médium larga a caneta, afasta o papel. Os franzidos da testa, a tensão no rosto, tudo desaparece.

O professor universitário está "voltando" — é esta a impressão que tenho.

— Graças a Deus, graças a Jesus... — ele inicia a prece de encerramento.

Chega o momento de ler as mensagens da noite.

— Tia Lourinha, tia Lourinha — mentalizo mais uma vez.

A segunda mensagem da noite — a mais vertiginosa de todas é endereçada a mim. Uma longa resposta à pergunta que ficou sem resposta na minha entrevista com a Voz. Como conduzir a investigação?

Prezado Marcel,

fostes convidado para fazer o trabalho jornalístico do Espiritismo. Na primeira hora, o grande médium, noutro momento, a história social do movimento, os pioneiros e suas vidas, biografias.
O importante é que te mantenhas como jornalista pois é necessário que o Grande Público entenda melhor os valores do espiritismo [...].
Não se esqueça: o vosso maior desafio é vencer o preconceito do meio. A grande imprensa coloca a espiritualidade na agenda rindo e zombando de sua realidade.
Sai da clausura do texto tradicional. Libera os conceitos do fanatismo e da sombria herança do dogma. Esta a vossa tarefa. Não se intimide diante das críticas. Elas são muito interesseiras para merecerem crédito.

Paz, meu querido Marcel,

José, o vosso amigo.

Na última mensagem psicografada na noite — aquela com letras arredondadas — vem outra resposta a uma pergunta que a Voz ignorou.

Chico Xavier acompanharia esta investigação?

Aguardai. O vosso maior médium também vai manifestar sua presença quando chegar a hora. Aguardai confiante. O mito ficou, o espírito partiu e a mensagem vai florescer no passar dos tempos.

Um vosso irmão, Matias Albuquerque.

Antes de se despedir, o médium me entrega outra charada a ser desvendada. Uma mensagem psicografada por ele na semana anterior.

Com a palavra, Antônio Matarazzo:

Tempos atrás vivi na Itália na cidade de Veneza. Os sonhos de uma vida melhor trouxeram-me ao Brasil. Morei em São Paulo, deixei uma grande fortuna. Sou o patriarca da família Matarazzo. Minha filha desencarnou de câncer. Agradeço a oportunidade,

Do velho turrão

Antônio Matarazzo.

O patriarca da família Matarazzo se chamava Francisco, um imigrante italiano — nascido em Castellabate — que construiu, no Brasil, um dos cinco maiores conglomeradores familiares do mundo na década de 1950. Um complexo de mais de cem empresas e 30 mil empregados. Ele teve treze filhos, um deles morreu em acidente de carro, mas não há registros oficiais sobre a morte de uma filha de câncer.

Uma esperança: o segundo nome de Francisco era Antônio.

Quem sabe?

Ao voltar para o Rio de Janeiro, consulto minha caixa postal em busca de algum retorno de Frei Betto. Um sim, um não. Nada.

Telefono para a assessoria de imprensa do Palácio do Planalto e sou instruído, então, a enviar uma carta para o presidente. É o que faço.

Palácio do Planalto, Palácio das Ilusões.

[...] *Agora vou falar do cercado com que sonhávamos. Uma vaca leiteira, uma bananeira, um pé de feijão, algumas galinhas e já teríamos tudo.* [...]

Lembro do menino que do telhado de nossa casa gritava: "Um dia o Brasil vai viver sem fome e dirá: Foi o Lula que me salvou".

Por dever jornalístico, transcrevo todo o bilhete e pergunto se o presidente Lula reconhece ali, naquelas poucas linhas, traços da mãe e lembranças da infância.

A carta é enviada por Sedex registrado com um pedido de retorno, se possível, urgente.

Saio da agência dos Correios com o comprovante da remessa e sem qualquer esperança de obter uma resposta.

Em conversa pelo telefone, dias depois, converso com o médium sobre os resultados de minha investigação.

— Não consegui localizar nenhum dos destinatários. As informações não estão batendo.

Ele não demonstra surpresa.

— O fenômeno mediúnico é muito falho. É frágil — ele diz —, mas existe.

Este intercâmbio, segundo o professor, está sempre sujeito a falhas de filtragem.

— Como explicar a tia Lourinha, por exemplo? — ele pergunta e, diante do meu silêncio, completa:

— Tia Lourinha é um fato mediúnico.

"Você conhece a dona Lúcia?"

Esta pergunta me persegue. Desde o início da pesquisa, quando menos espero, alguém se aproxima de mim e pronto:

— Você conhece a dona Lúcia?

Quando digo "não", já imagino o que se passa na cabeça do interlocutor: o autor da biografia de Chico Xavier mora no Rio, está fazendo um livro sobre psicografia e não conhece a dona Lúcia. Como é que pode?

Dona Lúcia é avessa a qualquer publicidade.

Ela já foi citada por Chico como uma das maiores médiuns do mundo.

Tem 79 anos, vive às voltas com uma bronquite preocupante e, pela fragilidade de sua saúde, realiza sessões cada vez mais esporádicas e concorridas num centro no subúrbio do Rio de Janeiro.

As informações sobre ela chegam das mais diferentes fontes. Muitas são impressionantes.

Durante as sessões públicas, realizadas aos sábados quando a saúde permite (em alguns períodos, apenas três vezes em um ano), ela lê, em voz alta, as mensagens psicografadas para as famílias em luto e interrompe a leitura inúmeras vezes para enviar recados de outras energias presentes na reunião, captadas por ela ali, ao vivo, para surpresa de todos.

— Quem é Lineu? — dona Lúcia pergunta, enquanto tenta identificar, com seus óculos de aros grossos, um braço estendido no meio da multidão formada por cerca de oitocentos espectadores a cada sessão.

— Lineu Machado de Azevedo — dá o nome inteiro.

Alguém na platéia ergue a mão e é convidado a se aproximar do palanque de onde ela conduz as reuniões.

— Está aqui o seu filho, o Amadeu. Ele diz que o senhor não acredita em nada disto e, por isso, me pede um favor. Um favor que não gosto de fazer. Mas vá lá. O número de sua carteira de identidade é...

E dona Lúcia lê no ar — como se lesse uma fita magnética suspensa no invisível — a seqüência de algarismos. Lineu, o cético, volta para a cadeira convencido da sobrevivência do filho no mundo extrafísico.

Esta é uma das histórias que escuto. Endereços completos, telefones, nomes, sobrenomes, apelidos, até mesmo números de processos em andamento na Justiça — tudo surge nestas comunicações orais. E o mais importante: ninguém precisa preencher fichas com dados sobre data de nascimento e óbito ou causa da morte para ter contato com os mortos.

— Você já foi à dona Lúcia? — escuto a pergunta pela décima vez e decido agendar uma visita.

— Sabe quando vai ser a próxima sessão?

— Dia 26 de junho, sábado, se tudo der certo.

Uma das minhas fontes no meio espírita me dá o caminho das pedras. Um caminho seguido, com discrição, por curiosos famosos como Gilberto Gil, Ney Matogrosso, Leonardo Boff e Brian Weiss (autor de *best-sellers* sobre as vidas passadas como *Muitas vidas, muitos mestres*).

Para assistir à sessão, decido seguir os trâmites normais.

Primeiro é preciso participar de uma sessão prévia no centro para conhecer o trabalho desenvolvido pela médium e reservar uma senha com uma de suas principais assessoras, Léa.

É o que faço. A reunião preparatória está marcada para 8 de junho, uma terça-feira, às duas da tarde, no centro localizado no subúrbio carioca. Chego um pouco antes sem me identificar e fico livre para circular pelo amplo salão — um galpão com teto de zinco, pé-direito com mais de dez metros de altura e uma mesa comprida sobre um tablado de madeira ao fundo. Cadeiras de ferro, como as usadas em bar, estão alinhadas diante da mesa.

Nas paredes, pintadas com uma barra azul da metade ao chão, cartazes repetem as mesmas orientações: é proibido falar ao celular, filmar, fotografar, gravar, fumar, comer e beber no salão. Uma placa exige silêncio. Um painel com a imagem de Jesus Cristo, bastão na mão, entre ovelhas, pendurado numa das paredes, se destaca entre tantos vetos, a metros de distância de um altar onde esculturas orientais se misturam a imagens de entidades da umbanda e a um busto do doutor Bezerra de Menezes.

Procuro um pôster qualquer com a imagem de Allan Kardec — comum em centros espíritas — e não encontro.

Este não é um centro kardecista.

Léa senta-se à mesa diante de nós — apenas quinze pessoas — e inicia sua preleção. Quase todos ali sabem tanto quanto eu sobre os métodos de dona Lúcia: ou seja, quase nada. Chegou a hora de entender melhor o que vamos testemunhar semanas depois.

Com discrição, anoto no bloco trechos do discurso de Léa.

— Vocês já perceberam que este não é um centro espírita. Isto aqui é uma salada de frutas. Nós não gostamos de "ismos" — define no início de sua palestra.

Uma certeza, ela diz, é inquestionável e independe de qualquer crença religiosa:

— A morte não existe.

Dona Lúcia, diz Léa, tem o dom de entrar em contato com outras "energias", mas que ninguém se engane: este dom não é uma bênção e não garante qualquer privilégio à médium.

— Ela está quase cega de um olho, sofre com os brônquios castigados por sucessivas pneumonias e não tem qualquer controle sobre as informações que recebe aqui. Ela não pode garantir nada sobre as comunicações. É apenas um instrumento, um transmissor.

Espero a frase clássica — "O telefone só toca de lá pra cá " —, mas ela não vem.

O discurso aqui é outro. Em vez de "espírito", fala-se em "energia" ou "consciência cósmica". Em vez de habitarem colônias espirituais em outros planos, os espíritos freqüentam faixas do "inconsciente coletivo".

— A Lúcia tem a pineal enlouquecida. É científico — Léa diz em sua palestra e eu tento imaginar quantos, naquela sala, já ouviram falar em glândula pineal.

— Ela capta as "energias" no ar. Às vezes, o processo é muito rápido e as energias surgem e desaparecem em instantes. É preciso ficar atento.

Para receber uma mensagem, ninguém precisa conversar com dona Lúcia ou com seus assessores antes. Entrevistas são descartadas ali. Léa dá as instruções para os candidatos a uma psicografia.

O primeiro passo é escrever, em papel almaço dobrado ao meio, um bilhete para a "energia" procurada. O nome completo da "energia" deve ser escrito no topo da página. E só. A emoção, no momento da redação da carta, é o mais importante. Este é o canal para a comunicação.

— Vocês devem escolher o momento propício e jogar muito amor em cada frase. Nada de desespero não, nada de angústia. Amor, saudade, isto é o que importa.

No dia da sessão, os candidatos a destinatários depositam estas cartas numa caixa disposta numa mesa lateral: a caixa dos desencarnados. O conteúdo deste recipiente é levado para casa por dona Lúcia depois da reunião pública. É sozinha, num quarto escuro, hermeticamente fechado, que tudo acontece.

Dona Lúcia pega cada carta, capta a energia dela e — sem ler nenhuma linha, segundo Léa — amassa o papel e o joga num canto. Só depois de amassar todas as cartas ela inicia a psicografia. A maioria dos textos "chega" em velocidade. Algumas mensagens, no entanto, "empacam". As energias se recusam a entrar em contato.

Chega o momento, então, da terceira etapa do trabalho — a mais dura para dona Lúcia e a menos conhecida do público que freqüenta as reuniões. É a "persuasão". O momento de convencer as energias resistentes a se comunicarem com seus entes queridos. Muitos deles, revela Léa, se recusam a reconhecer o fato de já não estarem vivos. Outros se envergonham pelos erros cometidos aqui e preferem se esconder.

— A psicografia é um tratamento para encarnados e desencarnados. Um tratamento para todos nós — diz a palestrante, antes de pedir, mais uma vez, que todos afastem qualquer sentimento de revolta ou de dor enquanto escrevem seus bilhetes aos mortos.

— As energias se sentem tão vivas quanto nós e não conseguem entender ou suportar o sofrimento de quem fica. Emoções negativas assustam e incomodam os que estão do "lado de lá" — ela ensina e vai além. — Para valer mesmo, a gente chora é por nós mesmos. Elas, as energias, estão libertas.

Eu me lembro de um dos textos mais duros assinados por Emmanuel e psicografados por Chico. Nesse texto — endereçado aos pais em desespero com a perda de filhos —, Emmanuel censura quem lamenta ou se revolta com a morte dos entes queridos. O "desencarne", ele diz, é libertação e não é justo lamentar uma conquista como esta.

Nas mensagens psicografadas por dona Lúcia, as "energias" costumam repetir uma espécie de mantra:

— Estamos libertos.

Os recados do além, psicografados em casa pela médium, são lidos na reunião seguinte, mas ninguém deve perder a esperança de receber uma notícia dos entes queridos já na primeira sessão, antes mesmo do envio da carta. As comunicações orais são constantes e surpreendentes.

Léa recomenda que se levem fitas cassetes para a reunião.

Toda a sessão é gravada por Mauro, um dos colaboradores de dona Lúcia. Os "recados" das energias, que surgem ali de repente, ficam gravados no equipamento do centro. Os destinatários podem pedir uma cópia das mensagens orais destinadas a eles.

Depois da palestra, recebo a desejada senha. Um cartão branco, com o símbolo do centro desenhado na frente e um número escrito no verso. Este cartão dá direito a levar dois acompanhantes.

— Juraci Quirino Chaves — dou o nome.

A sessão fica marcada para 26 de junho, "se tudo der certo".

Saio do centro e telefono para Juraci. Narro detalhes do encontro e repito nosso bordão:

— Quem sabe?

— Quem sabe? — ela repete.

Já não parece tão esperançosa quanto antes.

Mais do que nunca é preciso ver para crer.

Brian Weiss viu.

Numa de suas visitas ao Brasil, o escritor americano — especialista na pesquisa de vidas passadas e nas relações entre espiritualidade e física quântica — foi levado por um amigo ao centro de dona Lúcia. Mais de oitocentas pessoas estavam na platéia. Brian Weiss, que não sabia uma palavra de português, era auxiliado pelo anfitrião brasileiro, encarregado de traduzir o quase intraduzível para ele.

De repente, dona Lúcia disse um nome qualquer e descreveu a fisionomia de um personagem invisível. A mãe, o pai e a irmã dele se aproximaram do estrado ao confirmar as descrições e o sobrenome. Eles nunca tinham conversado com a médium antes. Dona Lúcia não conhecia o drama da família, mas passou a descrever, com todos os detalhes, o acidente de automóvel que matou o rapaz.

— Ele está bem agora, está mandando o seu amor, e não está sozinho. Está com outros dois jovens que também morreram no desastre.

Dona Lúcia anunciou os outros dois nomes e as famílias das vítimas, também presentes, se aproximaram do palco.

O pai de um dos jovens se manteve atrás dos outros, isolado e tenso, enquanto todos se abraçavam e choravam.

Dona Lúcia se voltou para a esposa desse homem — mãe de um dos jovens mortos — e disse:

— Não se sinta tão culpada. Eles estão bem agora em energia.

O filho desse casal era quem dirigia o carro.

Em seguida, a médium olhou para o pai recuado e foi além, microfone em punho, diante da multidão:

— Seu filho me diz que está sendo mais difícil para você aceitar tudo isto porque você é engenheiro, cético, e não acredita em nada disto.

O homem concordou.

E ela deu o golpe final:

— Ele diz que vocês podem parar de brigar por causa do tapete. Isto não tem mais importância.

Nesse instante, o cético desmoronou. Abraçou a mulher e começou a chorar. Ninguém no salão sabia, mas o tapete citado por dona Lúcia tinha causado uma série de brigas entre o marido e a mulher enquanto o rapaz estava vivo. O pai insistia que a poeira do tapete causava as alergias e os ataques de asma do filho. A mãe, que adorava o tapete, se recusava a jogá-lo fora. Isto agora não tinha mais importância.

Dona Lúcia pede sigilo sobre seu nome verdadeiro e o local das sessões. Quer evitar superexposição.

— Este trabalho não é meu. É da "consciência cósmica"— ela repete.

Exposição demais, dizem os assessores, atrapalha.

Minha senha é a M-23. Conto nos dedos os dias que faltam para a sessão. Quem sabe? Quem sabe Juraci não encontra ali, com aquela médium misteriosa, evidências da sobrevivência de Daniel e Felipe no chamado plano extrafísico? Quem sabe essas "energias" não mandam mensagens inquestionáveis para ela e Brames? Um detalhe, uma informação cifrada, um número qualquer. Uma prova.

É o que espero.

Enquanto me preparo para o encontro ao vivo — impossível agendar uma entrevista antes, sou presenteado por Waldemar, um velho conhecido de dona Lúcia, com um documento precioso. Uma palestra dada por ela a freqüentadores do Centro, no dia 22 de abril de 1991, transcrita e datilografada por uma de suas assistentes.

Uma frase de Fernando Pessoa abre a palestra: "*A morte é a porta abençoada do sempre*".

No processo de intercâmbio entre vivos e mortos, ela afirma: "quem se comunica é a média aritmética de várias experiências" (encarnações). Leio a frase e me lembro da entrevista com a "consciência ampliada" do médium de Brasília. Será?

"Será?" é a pergunta que se repete enquanto tento decifrar os conceitos abordados por dona Lúcia.

Um glossário, anexado à transcrição da palestra, dá pistas do território onde dona Lúcia atua.

Quanta — Quantidade indivisível de energia eletromagnética.
Eletromagnética — interação entre correntes elétricas e campos magnéticos (de atração).
Física Quântica — estudo das interações, forças da energia.
Mecânica Quântica — estrutura e funcionamento, mecanismo, dos fenômenos quantificados, ocorrentes com partículas, átomos e moléculas (mecânica ondulatória).

Dona Lúcia era comunista de "quatro costados" — totalmente agnóstica — até ser convertida à mediunidade há quase cinqüenta anos. Uma febre que não passava, um processo de emagrecimento súbito, a ida a um centro de umbanda e, de repente, lá estava ela, "tomada" por uma entidade, Maria Padilha.

— Você já devia ter começado a trabalhar — ela ouviu a cobrança implacável.

Aos trinta anos, vascaína doente, salgueirense aficionada por desfiles de escolas de samba, fã de Dalva de Oliveira, dona de casa, casada e mãe de uma filha, passou a enxergar desencarnados e a bater ponto na umbanda.

Da umbanda, dona Lúcia partiu para o kardecismo e, mais tarde, para a física quântica pesquisada em livros como *O Tao da física*, de Fritjof Capra. Mecânica quântica, antimatéria, átomo-dei e raio projetivo se misturam — no discurso e na prática da médium — a pretos velhos, marias padilhas e colaboradores invisíveis como Harum Al Rashid.

— Não tenho religião nem quero ter — ela costuma dizer. — Deus é a face virtual da nossa realidade. É a única realidade que não acaba — define.

Entre uma maratona de psicografia e outra, dona Lúcia faz discursos como este:

> *Somos centrais energéticas e não ocupamos espaço. O espaço é que nos ocupa. Nossa realidade é tão grande que se torna difícil observar e entender o absoluto. Estar é relativo. Ser é absoluto.*

No início, quando ainda psicografava mensagens para poucos no piloti de um prédio no Leblon, zona sul do Rio de Janeiro, os recados do além eram curtos e impactantes. A "energia" revelava seu nome, mandava abraços para os entes queridos ali presentes e surpreendia os desavisados ao pôr no papel informações precisas como um número de telefone ou um endereço completo. Como pode? Esta era a pergunta mais comum entre as testemunhas dessas sessões.

Com o tempo, dona Lúcia mudou seus métodos. Trocou o piloti de prédios pelo próprio Centro e parou de psicografar, ao vivo, diante da multidão, para se recolher em casa. Por quê? Dona Lúcia respondeu em sua palestra.

> *A espiritualidade estava sentindo que o trabalho — o trabalho maravilhoso da espiritualidade — estava sendo considerado, não digo por todos, mas por uma grande parte, como um* show. *Um* show *em que a vedete era o médium. Então, as pessoas saíam daqui e diziam: "Ah, mas que médium formidável. Aquela criatura é formidável" e ninguém se preocupava com o trabalho espiritual, que é a evangelização.*

E como se processa, então, cientificamente, este intercâmbio com as "energias" extrafísicas? Segundo dona Lúcia, o fenômeno paranormal pode se apresentar de três maneiras: como informação através da "clarividência", como comunicação através da telepatia entre o "desencarnado" e o encarnado, e como ação, através da "psicocinesia".

Com a palavra, dona Lúcia. O texto merece ser lido na íntegra:

Então o que acontece? Nós desejamos, nós todos desejamos, que os nossos amigos, os nossos parentes e, até de uma maneira geral, todas as criaturas desencarnadas entrem em contato conosco. Nós desejamos.
Vou perguntar a vocês: desejo ocupa lugar?
Não ocupa. Nem tempo, não é?
Então, se o desejo não ocupa lugar nem tempo, ele é um campo quântico. E o que acontece?
Quando vocês escrevem os nomes dos desencarnados, vocês estão escrevendo, estão colocando naquela grafia, o desejo de vocês de que eles possam se comunicar, não é isso?
Então, esse desejo fica sobrevoando esta grafia — é o campo quântico.

O mais complicado vem agora:

Qual é o trabalho da espiritualidade? Num trabalho de sinestesia — sinestesia quer dizer captação de uma emoção ou de um desejo —, a espiritualidade transforma este campo quântico do desejo de vocês em graus de liberdade dinâmica para que, como graus de liberdade dinâmica, esse campo quântico possa ser colocado no Trevo de Mil Pétalas, que fica em cima do chacra coronário do médium.

Vamos além, sem desistir:

Quando chega ao trevo de Mil Pétalas, a espiritualidade, em nova transição quântica, em nova transformação, transforma esse grau de liberdade dinâmica novamente em campo quântico, que fica no Trevo de Mil Pétalas. Porque nós não somos o que imaginamos. Nós temos a forma ovóide e aqui [aponta para a cabeça] *nós temos o Trevo de Mil Pétalas — é antena, como tem antena de rádio, antena de televisão.*

Trevo de Mil Pétalas e glândula pineal são a mesma coisa — uma antena. E vamos em frente:

Então, como semelhante atrai semelhante, o campo quântico do desejo de vocês, que está incrustado numa antena (vamos dizer que o médium seja eu), que está incrustado no meu Trevo de Mil Pétalas, atrai o campo quântico da criatura desencarnada, porque a criatura desencarnada também não ocupa tempo nem espaço. E assim, ela chega até nós e assim a espiritualidade fica sabendo que nós precisamos de ajuda, eu digo, no caso, de proteção também, porque vocês querem proteção.

Nós precisamos de ajuda, nós precisamos de apoio. Então, ela nos apóia.

Esta é a essência, segundo dona Lúcia, dessa comunicação.

Difícil traduzir, difícil entender. Só mesmo vendo.

E vai demorar mais do que o previsto.

— A sessão foi adiada para 3 de julho — recebo a informação de Waldemar.

Dona Lúcia está doente. Os brônquios de novo. Vai precisar de cortisona para ficar forte o suficiente até a próxima reunião.

Dou a notícia a Juraci e recebo de volta a informação frustrante de que ela já tem um compromisso agendado para esse dia: uma viagem a Belo Horizonte.

— Desmarco?

— Ainda não.

O melhor é aguardar.

Enquanto aguardo, leio o único livro publicado por dona Lúcia até hoje. Autora espiritual: Auta de Souza, poeta do Rio Grande do Norte, morta em 1901 e psicografada por Chico Xavier ao longo de toda a sua vida, desde o polêmico *Parnaso de além-túmulo*.

Na orelha do livro, publicado em 1984, está impressa a foto de dona Lúcia, vinte anos atrás, rosto redondo, cabelos curtos, olhos negros apontados para a câmera. Logo abaixo, um texto com informações preciosas sobre a médium mais misteriosa do Rio. Grandes figuras da ciência e da filosofia internacional — informa o texto — transmitem à médium suas idéias ao correr das noites. Entre eles, o psicanalista Alfred Adler e o filósofo Harum Al Rachid. Visitantes também invisíveis como os escritores Stephan Zweig e Leon Tolstoi fazem parte do círculo de amizades dela.

Na coletânea de poemas assinados por Auta de Souza, psicografados por dona Lúcia em casa, uma série se destaca: são mensagens de mortos para suas famílias, "postas em versos" por dona Auta, conforme definição do livro. Muitas vezes, cada verso começa com uma inicial do nome do comunicante e as estrofes formam o nome completo dele.

Rio hoje do meu triste passado,
Admirado de tanto não saber,
Um ontem que já está ultrapassado,
Liberto que estou do antigo viver.

Quem assina a mensagem, organizada em versos por "Auta", é Raul Antônio Alves Dantas.

3 de julho de 2004, um sábado. Este é o dia da próxima sessão. Dessa vez, a reunião é confirmada.

— Você pode desmarcar seus compromissos de sábado? — pergunto a Juraci.

— Posso.

Ela vai comigo até o fim desta investigação.

A ciência

Para dona Lúcia, a chave do intercâmbio mediúnico é a glândula pineal, localizada no centro do cérebro, na altura dos olhos. Esta seria a antena capaz de ligar o médium aos espíritos, ou melhor, às "energias".

— O médium tem a pineal hipertrofiada. É isto. É científico — ela diz e, de vez em quando, entre risos, completa: — Em última análise, o médium é um doente.

Há mais de 2 mil anos, a glândula pineal é apontada como a "sede da alma". Mestres de ioga definem a pineal como o "terceiro olho", responsável pelo autoconhecimento. O filósofo e matemático francês René Descartes também defendeu, em documento intitulado "Carta a Mersenne", de 1640, a existência de uma glândula no cérebro, na qual "a alma se fixaria mais intensamente".

Para investigar os estados de transe e mediunidade, o psiquiatra e mestre em Ciências da Universidade de São Paulo, Sérgio

Felipe de Oliveira, diretor-presidente da Associação Médico-Espírita de São Paulo (AMESP), fundou o Pineal Mind Instituto de Saúde.

O ponto de partida de suas pesquisas nessa área foi o livro *Missionários da luz*, psicografado por Chico Xavier e assinado por André Luiz. Nessa obra, a pineal é citada como a "glândula da vida mental", "o mais avançado laboratório de elementos psíquicos da criatura terrestre", "um órgão de elevada expressão no corpo etéreo".

Ao descrever os bastidores invisíveis de uma sessão de psicografia, André Luiz atribuiu ao cérebro e à pineal (ou epífise) do médium o poder de captar e transmitir as energias "recônditas e imponderáveis".

Com a palavra, André Luiz, no longínquo ano de 1943:

> *As glândulas do rapaz* [o médium] *transformaram-se* [durante a psicografia] *em núcleos luminosos, à guisa de perfeitas oficinas elétricas. Detive-me, porém, na contemplação do cérebro, em particular. Os condutores medulares formavam extenso pavio, sustentando a luz mental, como chama generosa de uma vela de enormes proporções. Os centros metabólicos infundiam-me surpresas. O cérebro mostrava fulgurações nos desenhos caprichosos. Os lobos cerebrais lembravam correntes dinâmicas. As células corticais e as fibras nervosas, com suas tênues ramificações, constituíam elementos delicadíssimos de condução das energias recônditas e imponderáveis. Nesse concerto, sob a luz mental indefinível, a epífise emitia raios azulados e intensos.*

Seis décadas depois da publicação desse livro, Sérgio Felipe mapeia o cérebro e esmiúça a pineal com lentes e equipamentos de última geração. A glândula tem oito milímetros de extensão e, segundo ele, funciona como um órgão cronobiológico, um relógio interno. Ao captar as radiações do Sol e da Lua e secretar o hormônio melatonina, por exemplo, ela regularia até mesmo os ciclos de sono e vigília dos homens e animais.

A pineal converte ondas eletromagnéticas em estímulos neuroquímicos — um processo investigado e atestado por dois cientistas, Vollrath e Semm, em artigos publicados na prestigiada revista científica *Nature*, de 1988.

A hipótese defendida por Sérgio é de que o universo espiritual agiria pelo campo eletromagnético. A pineal captaria as informações de outras dimensões — pelo campo magnético, importante repetir — e as converteria, então, em estímulos eletroneuroquímicos através dos médiuns.

O tema é complexo.

— Eu acredito que a pineal evoluiu de um órgão fotorreceptor para um órgão neuroendócrino. No que diz respeito à mediunidade, ela capta o campo eletromagnético, impregnado de informações, como se fosse um telefone celular. Mas tudo isto tem que ser interpretado em áreas cerebrais, como o córtex frontal — analisa.

A mediunidade, de acordo com Sérgio, envolve "senso-percepção" e passa, sim, invariavelmente, por um processo de crítica e absorção.

— Um papagaio tem a pineal, mas não vai "receber um espírito", porque ele não tem uma área no cérebro que lhe permita fazer um julgamento. A mediunidade é uma função humana.

No Instituto Pineal Mind, Sérgio já submeteu médiuns em transe a uma série de testes: eletroencefalogramas, tomografias, ressonâncias magnéticas, mapeamentos cerebrais. Durante as tomografias, o médico visualiza um dos componentes-chave da glândula pineal: cristais responsáveis, segundo ele, pela captação e filtragem dos campos magnéticos. Nos médiuns, a quantidade de materiais cristalinos identificados na pineal seria superior ao encontrado nos pacientes sem mediunidade ostensiva.

O físico Alexandre Fontes da Fonseca, pós-doutorando do Instituto de Física da Universidade de São Paulo, diz que a hipótese de os cristais da pineal captarem os pensamentos dos espíritos é uma "idéia que parece fazer sentido", mas afirma que ainda falta respaldo científico, experimental e teórico, para comprovar essa tese.

— O trabalho do doutor Sérgio Felipe sobre a relação entre a presença de cristais na pineal e a mediunidade *precisa* ser repetido por outros pesquisadores e, se possível, os resultados *deveriam* ser publicados em revista científica — ele afirma por *e-mail* (os grifos são dele).

O físico da USP, espírita como o doutor Sérgio Felipe, também afirma que ainda não está comprovada, cientificamente, a ação de campos eletromagnéticos durante os transes mediúnicos.

— Isso, por enquanto, é especulação. Se alguém provar que existe um campo eletromagnético em torno dos médiuns, no momento do fenômeno, cuja causa não resida em nenhum efeito material usual, então teríamos um indício científico a favor da hipótese do campo eletromagnético.

— Durante os transes, há alterações eletro e magnetoencefalográficas nos médiuns. Estas alterações são indícios, sim, da ação eletromagnética durante os transes —, defende o doutor Sérgio Felipe.

Sérgio Felipe e Alexandre Fontes demonstram o mesmo entusiasmo em relação a experiências recentes realizadas na Laurentian University, do Canadá, onde o doutor Michal Persinger submeteu voluntários a testes com capacetes equipados com bobinas emissoras de ondas eletromagnéticas. Em contato com os lobos temporais dos pacientes, estas ondas magnéticas geraram "visões espirituais".

— Esta é a primeira pesquisa sistemática sobre como o cérebro pode registrar o efeito da aplicação de campos eletromagnéticos externos — avalia Alexandre Fontes.

As experiências realizada pelo doutor Persinger sugerem que a "captação" das ondas eletromagnéticas pode ocorrer em regiões diferentes do cérebro (não apenas pela pineal), mas ainda não comprovam, segundo Alexandre Fontes, a tese de que o processo mediúnico ocorreria através do campo eletromagnético.

— A hipótese de que o cérebro é influenciado por determinadas ondas eletromagnéticas é, em princípio, razoável, mas "ser razoável" não é o bastante e, em ciência, representa muito pouco. São necessárias análises teóricas e experimentais muito mais profundas tanto do ponto de vista da física (lei de conservação de energia, por exemplo) quanto do espiritismo (como a questão sobre a composição dos fluidos e do perispírito).

O presidente do Instituto Pineal Mind, Sérgio Felipe, não tem dúvidas:

— Se há uma interferência espiritual, esta se dá justamente pelo campo eletromagnético. Se o campo magnético interfere no cérebro, a espiritualidade interfere no cérebro pelo campo magnético.

As pesquisas avançam.

Enviei para o físico da USP, por *e-mail*, trechos das palestras ministradas por dona Lúcia sobre a física quântica e a mediunidade.

Alexandre levantou várias questões sobre o tema. Ele discorda, por exemplo, do uso da palavra "energia" para designar o "espírito". Segundo o físico, energia, do ponto de vista científico, é algo material. De acordo com o espiritismo, o espírito decorre de um princípio distinto da matéria e, por isto, não poderia ser definido como energia.

O físico também discorda da afirmação feita por dona Lúcia de que "somos centrais energéticas e não ocupamos espaço". "Energias, em física, podem ocupar sim uma posição no espaço", ele afirma e dá um exemplo: "Um feixe de laser está presente na região espacial entre o canhão emissor e um anteparo. Nós ocupamos espaço".

Segundo o físico, estudioso também da doutrina espírita, quando "encarnados", estamos presos ao corpo físico, e, mesmo "desencarnados", ocupamos um determinado espaço, já que o "perispírito" (envoltório do espírito) ocupa uma região espacial. Ele escreve em seu *e-mail*:

> *Afirmativas de que espaço e tempo não existem para o espírito são destituídas de significado.* [...] *O que deve acontecer é que outras propriedades do espaço e tempo devem existir e serem sentidas pelos espíritos.*

Alexandre também questiona a afirmação de que o desejo de se comunicar com os desencarnados fica "sobrevoando" a grafia da carta escrita para eles.

> *Como algo que não ocupa espaço e não tem tempo* [nosso desejo, segundo dona Lúcia] *pode "sobrevoar" a grafia de um nome? O que*

ela chama de desejo que fica "sobrevoando" a grafia é explicado de forma muito mais coerente e científica pelo espiritismo. Ao escrever o nome de uma pessoa querida (ou de um inimigo) nossos sentimentos produzem vibrações ou fluidos que impregnam o papel onde o nome foi escrito. Os espíritos podem "ver" ou "sentir" esses fluidos e isso favorece a ligação com o espírito que deve se comunicar.

O longo *e-mail* enviado por Alexandre Fontes da Fonseca traz conceitos complexos que exigiriam muito mais "espaço e tempo" neste diário. Os vínculos entre mediunidade e ciência renderiam um novo livro, ou melhor, uma série deles. Assessores de dona Lúcia insistem para ela escrever uma obra sobre o assunto. Ela adia o projeto por falta de tempo.

Melhor eu retomar a pesquisa de campo.

O dissidente

Em 1994 entrevistei, no Rio de Janeiro, um dos personagens mais controvertidos do movimento espírita: o médico Waldo Vieira.

Depois de psicografar 26 livros — dezessete deles em parceria com Chico —, Waldo rompeu com o espiritismo, definido por ele como o "pré-primário", e passou a rejeitar a doutrina à qual dedicou 28 anos de sua vida, dez deles ao lado de Chico.

"O médium é um intermediário descartável", Waldo me disse há uma década, ao defender as bases de uma nova ciência: a Projeciologia. De acordo com suas novas convicções, seria possível acessar os entes queridos, na dimensão extrafísica, através dos sonhos ou das projeções despertas da consciência. Basta sair do corpo durante o sono ou em estado de vigília, a partir de exercícios desenvolvidos por ele e sua equipe.

No mais recente livro de Waldo, *Homo sapiens reurbanisatus* — um calhamaço de 1584 páginas — encontro uma explicação mais técnica sobre o tema:

> *Através das exoprojeções conscienciais lúcidas, a consciência aporta nos ambientes extrafísicos mais distantes da toposfera terrestre, em pleno espaço sideral longínquo.*

Hoje, 2004, Waldo se dedica ao Centro de Altos Estudos da Conscienciologia (CEAEC), um complexo fundado por ele em Foz do Iguaçu, para pesquisar, catalogar e divulgar em livros monumentais conceitos como parafisiologia dos chacras e parapatologia do cordão de prata. Chegou o momento de reencontrar Waldo para uma nova entrevista — ou um "enfrentamento", como ele gosta de dizer.

Que Deus me proteja.

Na viagem de avião do Rio de Janeiro a Foz, consulto o primeiro livro psicografado por Waldo e Chico Xavier, um clássico do espiritismo intitulado *Evolução em dois mundos*, assinado pelo espírito André Luiz e publicado em 1958.

Os bastidores da redação desse livro surpreenderam a comunidade espírita na época.

O método de trabalho da dupla era insólito. Waldo Vieira, então um jovem de 26 anos, prestes a se formar em Medicina e Odontologia, enviava de Uberaba para Pedro Leopoldo, aos cuidados de Chico, 47 anos e curso primário incompleto, os capítulos ímpares do livro — um resumo da história da alma humana pontuado por termos médicos.

Chico dava seqüência ao texto, em Pedro Leopoldo, com os capítulos pares. A fusão dos artigos era surpreendente. Impossível afirmar quem escreveu qual trecho. André Luiz, pseudônimo usado pelo médico Carlos Chagas, seria o autor da obra e de parágrafos como este sobre as formas das células:

> *São cenositos ou microorganismos que podem viver livremente, como autositos ou como parasitos: sincícios ou massa de células que se fundem para a execução de atividade particular...*

Evolução em dois mundos chegou às livrarias em meio a críticas. Médicos escreveram a Chico para protestar contra a complexidade do texto "pseudocientífico". Por que eles não eram capazes de entender? Qual o sentido de páginas tão inacessíveis?

O livro, denso, quase inalcançável, contrariava a linha popular a ser defendida poucos anos depois por Chico: as mensagens deveriam ser acessíveis aos "espíritas mais humildes". Chico temia o elitismo e repetiria aos intelectuais da doutrina:

— O espiritismo veio para o povo e para com o povo dialogar.

O povo, nesse livro, ficou de fora. "Hausto corpuscular de Deus", "corpúsculo-base", "fluido elementar" — as expressões eram complicadas demais.

Folheio o livro no avião e fico aliviado ao encontrar nas primeiras páginas conceitos de Allan Kardec.

A marcha dos espíritos é progressiva, jamais retrógrada.

O Espiritismo e a ciência se completam reciprocamente; a Ciência, sem o Espiritismo, se acha na impossibilidade de explicar certos fenômenos só pelas leis da matéria; ao Espiritismo, sem a Ciência, faltariam apoio e comprovação.

Estas citações, consigo entender.

Hoje Waldo renega Kardec, considerado por ele um precursor já superado e censura o espiritismo por priorizar a TACON — Tarefa de Consolação — e menosprezar a TARES — Tarefa de Esclarecimento. Desde o rompimento com o espiritismo, ele criou um novo vocabulário para definir antigos conceitos. "Desencarnado", para ele, é "consciex" (consciência extrafísica), "encarnado" é "conscin" (consciência intrafísica) e "desencarne" tem outro nome: "dessoma" (desativação somática).

Por que esta ruptura tão radical? Esta é uma das perguntas na pauta da minha entrevista.

Mas a questão central é outra: a psicografia. Como ela se processa? Quais as fronteiras entre consciente e inconsciente neste intercâmbio? Quais os riscos de fraude e auto-sugestão na "escrita do além"?

O dia está ensolarado quando chego a Foz e sou recebido por duas voluntárias do CEAEC no aeroporto. O centro reúne mais de 64 mil volumes em uma biblioteca impressionante, montada por Waldo ao longo de décadas de pesquisa. O grupo de estudos é formado por cerca de duzentas pessoas: 39 psicólogos, dezenove médicos, 35 professores, além de engenheiros e estudantes universitários. Muitos deles acompanharam o pesquisador desde o Rio de Janeiro e se mudaram para Foz, com o objetivo de ficar perto dele.

Poucos ali recebem salário para auxiliar Waldo na tarefa de produzir obras gigantescas como o livro mais recente, escrito por ele em um ano e meio de trabalho incessante. O objetivo final — desta vida e das próximas, segundo o próprio Waldo — é montar a *Enciclopédia da conscienciologia*.

Num dos seus livros, pinço uma frase curiosa do autor: "Discernimento é pesquisar o formigueiro sem se sentar nele".

Waldo é conhecido também por seu senso de humor e me recebe com um sorriso franco no holociclo, neologismo inventado por ele para designar a sala de estudos, ou "laboratório de produção intelectual", onde o pesquisador trabalha de segunda a segunda, sem pausas para viagens ou conversas ao telefone.

De jaleco branco, está sentado numa mesa comprida à direita de quem entra, concentrado na leitura de documentos compilados por seus colaboradores no acervo da holoteca — palavra também criada por Waldo a partir do grego (*holos*, conjunto, e *theke*, cofre, estojo) para designar a biblioteca com 1500 metros quadrados de extensão e 251 363 "artefatos do saber" (livros e objetos como selos, conchas, moedas e gibis).

— O que te traz aqui, meu amigo? — Waldo pergunta.

Apesar das longas barbas brancas, ele não aparenta os 72 anos.

Todo nosso encontro é registrado com câmera de vídeo digital por um dos voluntários da instituição.

— Estou às voltas com uma investigação sobre a psicografia — digo.

Ele ri.

— Vem comigo — Waldo me convida e me leva até os fundos de sua holoteca. Uma bancada, montada por seus colaboradores, reúne os livros sobre o tema considerados fundamentais pelo ex-psicógrafo.

Evolução em dois mundos, é claro, está lá, ao lado de livros como *A psicografia ante os tribunais*, de Miguel Timponi — sobre o processo movido contra Chico pela família de Humberto de Campos (reconstituído no livro *As vidas de Chico Xavier*) — e *A psicografia à luz da grafoscopia*, citado na introdução deste livro.

— Nós organizamos esta coleção para você — ele diz e eu agradeço a gentileza e apoio.

Está chegando o momento da entrevista. Voltamos à mesa ocupada por Waldo logo na entrada do salão. Ele se assenta e eu me acomodo à sua frente, do outro lado da mesa. A câmera, atrás de nós, registra o "enfrentamento".

— Professor Waldo, como se processa a psicografia?

A resposta é firme, objetiva:

— A psicografia é a comunicação do paracérebro do espírito comunicante para o paracérebro do médium encarnado.

Paracérebro — de acordo com o glossário da conscienciologia — é o "cérebro extrafísico do psicossoma da consciência nos estados extrafísicos (consciex), intrafísico (conscin) e projetado, quando através do psicossoma". Entenderam?

— O intercâmbio se dá através da glândula pineal? — pergunto, e recebo de volta uma crítica.

— Você está sendo superficial. A pineal faz parte do processo. É uma ponta física dele. Devemos considerar outros fatores, como o cerebelo, de onde vem a psicomotricidade.

Passo a discutir com ele, então, os riscos de fraudes ou de auto-sugestão no processo de psicografia.

Waldo me encara e, com a voz segura, lança uma estatística no ar:

— Noventa por cento das mensagens psicografadas são fraudes, 10% são autênticas. Há muita mistificação. Às vezes o médium começa com honestidade e depois desanda.

Depois de uma breve pausa, o dissidente diz:

— Chico Xavier era autêntico.

Como exemplo de autenticidade inquestionável do intercâmbio mediúnico, ele cita seu livro preferido na parceria com Chico Xavier: *Sexo e destino*, 14º título da série assinada por André Luiz, publicado em 1963.

— Aquilo tudo é muito sério. Merece ser estudado.

No prefácio assinado pelo guia espiritual de Chico, Emmanuel, a obra é definida como uma "fotografia verbal de nossas realidades amargas". Culpa e resgate, liberdade e compromisso — conceitos como estes são abordados ao longo do livro, dividido em duas partes, a primeira psicografada por Waldo e a segunda, por Chico, no mesmo estilo.

Livros como *Sexo e destino*, segundo ele, são documentos a serem examinados com mais atenção e menos preconceito. Já as mensagens particulares — psicografadas para famílias em sofrimento em sessões públicas — devem ser julgadas e avaliadas com cuidado.

Para Waldo, são três os riscos enfrentados por qualquer médium no Brasil quando se dedica a atender famílias enlutadas nos centros em sessões públicas.

— É a síndrome dos três pês: poder, posição, prestígio.

Às vezes, por pura vaidade, o médium monta mensagens a partir das informações fornecidas pelos interessados em receber uma notícia dos mortos e acreditar na sobrevivência deles em outra dimensão. Às vezes, por "boa fé" — desejo genuíno de ajudar —, o "médium" constrói essas cartas. Três álibis, segundo Waldo, aliviariam a culpa desses "psicógrafos":

— Estou difundindo a verdade maior que é Kardec.

— Não posso desencorajar ninguém.

— Temos de fortalecer as instituições.

Segundo Waldo, o ponto alto da psicografia é a poesia.

— É o mais difícil — ele diz, com conhecimento de causa.

Waldo é autor de um dos livros mais impressionantes da chamada literatura mediúnica. O título da obra: *Cristo espera por ti*. Um subtítulo impresso na capa esclarece: "Romance de Balzac".

O livro foi o último publicado por ele antes de abandonar o espiritismo. Na época, aos 33 anos, Waldo trabalhava incessantemente, ao lado de Chico, para atender os necessitados de Uberaba e de outros estados do Brasil. Atendia, em média, 95 pessoas por dia, cinco manhãs por semana. Gente em busca de remédio, alimentos, atendimento médico e dentário, conselhos, apoio. À noite, ele estava no centro, sem hora para encerrar a sessão, às voltas com o estudo da doutrina e com a psicografia de mensagens, receituário e poemas.

Nos intervalos entre uma sessão e outra, e em breves temporadas num apartamento em Ipanema, zona sul do Rio de Janeiro, Waldo conseguiu ter alguma paz e privacidade para pôr no papel o romance assinado pelo autor da *Comédia humana*. Trezentas e vinte e duas páginas pontuadas por vocábulos franceses, expressões de época, trechos de canções antigas, descrições precisas de cenários e costumes da vida provinciana francesa nas primeiras décadas do século XIX.

A introdução do livro, assinada por Honoré de Balzac, começa com uma interrogação:

> *E o leitor dirá: "será mesmo?".*
> *Decerto, quem nos conhece não espera encontrar, nestas páginas, o mesmo Balzac, em tudo semelhante àquele de mais de século atrás. Imensas transformações se operaram dentro e fora de nós, tivemos outras experiências, passamos enormes temporadas sem vestir o burel, sem empunhar a pena, sem ingerir café. Mas isso não quer dizer que deixamos de ser nós próprios. Quem quiser averiguá-lo analise com imparcialidade os múltiplos ângulos deste volume e nos encontrará, intrinsecamente qual éramos, apresentando, não qualquer reedição do que já escrevemos, mas uma história original.*

Um dos mais importantes estudiosos da obra de Balzac no Brasil, o professor Osmar Ramos Filho, encontrou um exemplar do romance atribuído a seu autor preferido na livraria de um centro espírita em maio de 1983. As primeiras impressões sobre o exemplar foram as piores possíveis. O romance, com o "título bastante piegas de *Cristo espera por ti*", logo pareceu ao especialista um pastiche qualquer, mais uma "pseudopsicografia".

Cético, o autor se lembrou da biblioteca de uma tia, num subúrbio carioca, repleta de inéditos de Victor Hugo, Tolstoi, Eça de Queiroz, Camilo Castelo Branco. Livros supostamene psicografados, que ele, então jovem estudante de Letras na Universidade Federal, se recusava a folhear.

Apesar da desconfiança inicial, Osmar Ramos levou o exemplar de *Cristo espera por ti* para casa e iniciou uma leitura que não conseguiu interromper. O que era apenas uma curiosidade se transformou numa obra de 594 páginas, uma investigação minuciosa do livro psicografado por Waldo Vieira — de quem nunca Osmar tinha ouvido falar.

A conclusão do pesquisador, escrita após sete anos de pesquisas, foi resumida na introdução do livro intitulado *O avesso de um Balzac contemporâneo*:

> *em nosso confronto dos textos psicografados com os balzaquianos, encontramos a incrível soma de cerca de duas mil semelhanças, abrangendo não somente a* Comédia humana, *mas mesmo toda a obra do romancista.* [...] *Espantoso, porém, é que as reduzidas trezentas e vinte e cinco páginas do livro tenham podido comportar esta cifra tão elevada de analogias, inseridas com absoluta adequação nas diversas passagens, servindo, além disso, à composição de personagens e ao desenrolar de um enredo inteiramente originais, com ressonâncias psicológicas e biográficas tão sutis que se tornam difíceis de traduzir de modo mais generalizado.*

Detalhe: Waldo estava longe de ser um especialista em Balzac e Osmar Ramos não tinha qualquer vínculo com o espiritismo.

O último parágrafo da introdução desse estudo se resume a duas linhas sobre *Cristo espera por ti*:

> *Romance complexo, perturbador, contraditório, que nos deixa ao mesmo tempo insatisfeitos e perplexos. Autêntico romance de Balzac.*

A contracapa do livro exibe um texto assinado por outro balzaquista ferrenho: Paulo Rónai. Ele não vai tão longe, mas afirma:

> *Essa leitura* [do livro *Cristo espera por ti*] *levou-me à conclusão de que o autor desse livro, fosse quem fosse, devia saber bem francês, estar impregnado da cultura francesa do século passado e conhecer a fundo o universo balzaquiano. Quanto à explicação da gênese do livro, não posso arricar nenhuma hipótese.*

O tema é polêmico, controvertido.

Reconhecer a autenticidade do intercâmbio mediúnico e avalizar qualquer psicografia significam assumir a crença na imortalidade do espírito e apostar na realidade da vida depois da morte. Não é um passo qualquer.

Consulto Waldo sobre dona Lúcia, com quem ele conviveu enquanto morava no Rio de Janeiro.

— Ouvi histórias impressionantes sobre ela — comento.

— É autêntica — Waldo afirma e, instantes depois, faz uma ressalva.

— Anota aí, por favor — ele pede.

Eu anoto:

— Ela era autêntica quando a conheci, mas eu só respondo com toda a segurança e responsabilidade sobre determinada pessoa naquele momento evolutivo, dentro daquele contexto específico. Não sei como ela está hoje.

Está chegando a hora de descobrir.

A travessia de Juraci

Há quatro meses nós nos encontramos pela primeira vez em Uberaba, no centro de Celso de Almeida Afonso. Desde aquela noite, Juraci se tornou uma amiga, sempre pronta a me ajudar nesta investigação. No momento em que ela mais precisava se agarrar a uma certeza — à convicção da sobrevivência de Felipe e Daniel —, Juraci teve a coragem de duvidar e de questionar as mensagens assinadas por eles.

— Eu queria tanto acreditar — lamentava.

Mas Juraci sempre fez uma pergunta-chave quando defrontada com mensagens psicografadas atribuídas a seus filhos: o que está escrito aqui que eu não contei ao médium? Que evidência existe, nestas linhas, da identidade do meu filho?

Todas as semanas conversamos pelo telefone. O início da conversa é quase sempre o mesmo:

— Como você está? — pergunto.

— Tô indo — é a resposta dela.

Às vezes melhor. Às vezes muito pior. Pela voz aprendo a reconhecer o estado de espírito da mãe de Felipe e Daniel. Seis anos depois da morte do primeiro filho e três meses depois do assassinato do segundo, ela luta para recuperar o equilíbrio perdido e tocar a vida na casa vazia.

De vez em quando, recebo notícias dessa sua saga íntima.

Nos últimos meses, Juraci voltou, por insistência de uma amiga, ao Centro Perseverança, onde recebeu uma mensagem assinada por Felipe, sem qualquer referência ao irmão Daniel ou ao pai Brames — mais um bilhete guardado na gaveta pela mãe, longe dos olhos do marido.

Numa das tardes de reclusão em casa, viu na TV uma "médium" psicografar uma mensagem ao vivo num programa sensacionalista e pediu para eu sintonizar no canal. O *site* da "médium" foi divulgado durante a exibição. Acessei o endereço eletrônico e li as instruções: "Favor efetuar o depósito" era uma das exigências feitas aos interessados em receber uma carta do ente querido.

Nas últimas semanas, Juraci passou a freqüentar três reuniões semanais em centros kardecistas de São Paulo. Entre sessões de leitura do Evangelho e reuniões com mães marcadas pela mesma dor, ela começou a melhorar. Uma melhora pontuada por sonhos onde Daniel aparece com palavras de consolo e gestos de carinho.

— Dá pra sentir o cheiro dele, as mãos dele no meu rosto. Não são sonhos. São encontros reais. São projeções. Meus filhos estão vivos, tenho certeza — ela diz.

Mesmo sem receber uma mensagem psicografada incontestável dos "meninos", Juraci atravessa, com coragem, o despenhadeiro citado pelo autor do livro *O significado da vida* na epígrafe de sua obra: "Quem está de luto tem de percorrer o vale. Não pode acampar ali".

Com as fotos dos filhos sempre presas ao colar — o mesmo pingente usado em nosso primeiro encontro —, Juraci faz sua travessia nesse território movediço onde "vivos" e "mortos" se encontram e eu me junto a ela, agora, neste dia 3 de julho de 2004, um sábado, para enfrentar a última etapa desta investigação sobre o intercâmbio entre dois mundos.

Está chegando a hora de concluir o livro.

A sessão no centro de Lúcia — imagino — será o último capítulo desta busca.

Que Juraci encontre mais certezas do que dúvidas ali. E eu também.

A prova

Chegamos ao centro de dona Lúcia às oito da manhã em ponto. Duas filas se alongam diante do portão. Uma sobe a rua — é a dos associados, que contribuem para as despesas de manutenção da casa e a promoção de obras assistenciais nas favelas vizinhas. A outra fila desce a rua — é a dos visitantes como eu e Juraci, incumbidos de levar ao menos um quilo de alimento não-perecível a ser doado aos moradores dessas comunidades pobres, vizinhas ao centro.

Enquanto aguardamos a nossa vez, recebemos instruções dos assistentes de dona Lúcia, vestidos com jalecos brancos.

— Se alguém precisar de remédios, alimentos, documentos, qualquer objeto deixado no carro, deve buscar agora, antes de entrar. Quem entrar no centro não pode sair até o fim da sessão. Quem sair não pode voltar.

É uma orientação da espiritualidade, ou melhor, da consciência cósmica, como explicou Léa em sua palestra.

Na nossa frente, na fila, uma senhora enxuga as lágrimas e tenta conter o choro. Nós nem precisamos perguntar nada para ouvir sua história. Seu neto tinha dezenove anos quando desapareceu, sete anos atrás. Saiu para trabalhar e nunca mais voltou.

— Minha filha vive à base de remédio — ela conta. — E não tem coragem de vir aqui. Eu preciso ter forças por ela e por mim.

Se o rapaz entrar em contato através de dona Lúcia, a morte dele estará confirmada. Estas são as entrelinhas da conversa.

— Eu acredito que ele está vivo. Ele vai voltar — a avó diz.

Juraci viveu três dias de desespero enquanto esperava Daniel voltar para casa.

— Não conseguia comer nem dormir. Minha vida ficou suspensa — ela conta na fila. — Nem consigo imaginar viver assim sete anos.

— Depois de três dias seu filho apareceu? — os olhos da avó brilham.

— Apareceu — Juraci responde e, segundos depois de ouvir um "Graças a Deus" aliviado, completa: — Estava morto. Foi assassinado.

A conversa termina ali. Quase quarenta minutos depois recebemos os números de nossas cadeiras e atravessamos o portão de entrada. Vamos ficar no fundo do salão, em frente ao palanque de onde dona Lúcia vai comandar a sessão, a partir das onze horas.

Enquanto enfrentamos a longa espera, conto para Juraci, mais uma vez, as histórias testemunhadas por Brian Weiss. Será? É esta a pergunta que nos fazemos.

Em pouco tempo, o salão está lotado. Quase oitocentas pessoas ocupam seus lugares. Seis ventiladores de teto, suspensos a mais de dez metros de altura, mal conseguem refrescar o ambiente. Em pleno inverno carioca, a temperatura registrada nos termômetros de rua ultrapassa os 37 graus.

Juraci sai para comprar água — o único líquido admitido no salão — e volta com histórias trágicas.

— Aquele pai ali perdeu seis filhos em dois anos. Dois morreram num acidente de carro, um foi assassinado, o outro teve um aneurisma...

— Aquele outro, de bigode, teve o filho morto pelo próprio irmão. O tio matou o sobrinho — conta.

Já conhecemos este universo e reconhecemos nos rostos dos nossos vizinhos de cadeira as marcas do sofrimento inominável. Lágrimas nos olhos, olheiras profundas, bocas perdidas em preces, camisetas estampadas com as fotos dos que se foram.

"Com Jorge, pela paz" é a inscrição exibida nas camisas usadas por um grupo silencioso. Jorge é mais uma vítima da violência.

— As pessoas ficam transbordando de dor — Juraci resume, enquanto vê as lágrimas rolarem dos olhos de duas mães ao nosso lado.

Há quatro meses, era ela quem transbordava no centro de Celso.

Pelo microfone, uma das assistentes pede repetidas vezes para todos se concentrarem e tentarem fazer o maior silêncio possível. É ela também quem dá, com voz firme, as primeiras orientações do dia.

— É proibido comer e beber no salão. Aqui dentro vocês só podem beber água. Todas as refeições devem ser feitas do lado de fora.

— Os celulares devem ser desligados quando a sessão começar. Nem *vibracall* pode ser usado. Dona Lúcia trabalha com "frequência" e o *vibracall* interfere na comunicação.

É longa a lista de cuidados a serem tomados.

— Dona Lúcia pede para não colocarem bilhetes ou outros papéis sobre a mesa.

— Ela pede também para ninguém escrever os bilhetes para seus queridos em papéis muito pequenos. Ela amassa estes papéis para fazer a sinestesia.

Não sei quantos no salão sabem o que significa sinestesia e imagino quantos ali prestam atenção no que é dito. Muitos estão perdidos nas próprias dores, dúvidas e esperanças, atormentados por uma saudade cada vez maior e mais sofrida.

Falta uma hora para a sessão, quando a assistente recomenda à multidão:

— Não batam palmas quando dona Lúcia chegar. Ela não gosta. A maior homenagem que vocês podem fazer a ela é o silêncio. Ela precisa de absoluto silêncio. Vamos ouvir os ventiladores girando no salão.

Às dez e meia, a assistente inicia uma nova etapa na preparação do ambiente.

— Vamos cantar juntos, vamos mentalizar. Isto é mantra, vibração.

Um coro ganha força no galpão:

Quanta luz neste ambiente
vibrando em nossa mente.

Logo depois do mantra, a assistente reforça o pedido de silêncio.

— Este é o momento de pensar nos entes queridos de vocês. Nós estamos aqui por eles.

A cinco minutos do início da sessão, todos cantam juntos de novo. "*É morrendo que se vive para a vida eterna*", diz a letra entoada quase aos berros por uma das minhas vizinhas de fila.

Pouco depois, quase todas as cabeças do centro se voltam para os fundos do salão. É ela — dona Lúcia — quem entra acompanhada por Léa e outros companheiros do centro, encarregados de evitar a aproximação de desavisados durante o percurso da médium até a sala do segundo andar, onde ela se recolhe para se concentrar antes do início da reunião.

Um metro e meio de altura, jaleco branco, olhos brilhantes atrás dos óculos de aros grossos, cabelos curtos e grisalhos. Dona Lúcia passa devagar, acena para uns e outros no salão e sobe até seu refúgio, localizado numa espécie de mezanino suspenso sobre o salão, ao lado da secretaria.

Está chegando a hora.

Uma versão musicada do Pai-Nosso toma conta do centro. "*Santificado seja o vosso nome*", cantam todos. Outra música é entoada em seguida. "*Que digam sim à vida, mesmo quando ela diz não.*"

E um mantra transforma a multidão num coro devotado. "*Minhas mãos estão cheias das graças de Deus.*"

— Tem uma senhora transbordando aqui do meu lado — Juraci aponta mais uma mãe aos prantos.

Não comento nada, mas até agora Juraci não se animou a escrever um bilhete para os filhos. Ela espera. Eu também.

"*Segura na mão de Deus e vai*" — esta é a nova canção da trilha sonora preparatória. Juraci se lembra do primeiro filho.

— Cantamos esta música no enterro do Felipe — conta sem derramar lágrimas e, em seguida, faz um breve balanço dessas suas perdas e recuperações.

— Acho que estou atravessando bem o vale agora.

Faltam poucos minutos para dona Lúcia descer as escadas e tomar seu lugar à mesa.

— Mentalizem a luz. Nós sabemos o quanto é importante a freqüência da cor. Mentalizem a luz das necessidades do seu interior. Mentalizem para os nossos amados, porque a gente veio aqui por eles.

A assistente orienta a multidão com voz firme e puxa um novo coro.

— "*Quanta luz neste ambiente...*"

É a mesma música do início da sessão.

São 11h 20 quando dona Lúcia se encaminha para a mesa. O mantra agora é outro e deve ser cantado por todos com as palmas das mãos erguidas e apontadas na direção da médium:

A dona Lúcia vai ser abençoada
porque o Senhor vai derramar o seu amor
derrama, Senhor, derrama, Senhor, derrama sobre ela o seu amor.

Às 11h 22, dona Lúcia já está de pé no tablado, microfone em punho, atrás da mesa comprida onde estão sentados também outros quatro colaboradores, todos de uniforme branco.

— Meus irmãos, estamos aqui para mais um trabalho da consciência cósmica que tanto nos ajuda — ela começa e passa o microfone para o assessor sentado à sua esquerda.

É ele quem faz a prece inicial.

— Meu Senhor, meu Deus, nos reunimos aqui com a bênção da consciência cósmica.

Logo depois da prece, informações básicas sobre o centro são divulgadas a todos:

— Aqui não temos religião. Somos candidatos a universalistas. Bittencourt Sampaio é o padroeiro da instituição.

Alto, louro, pálido, olhos azuis e cabelos fartos jogados para trás, o poeta e jornalista sergipano Bittencourt Sampaio foi presidente do Espírito Santo e parceiro do maestro Carlos Gomes antes de morrer em outubro de 1895. Uma de suas canções, "Quem sabe?", é cantada até hoje.

"*Tão longe, de mim distante, onde irá, onde irá, teu pensamento*", diz a primeira estrofe.

Versos sob medida para as famílias em busca de notícias do mundo de lá.

Bittencourt Sampaio também era ligado ao movimento espírita e, segundo os assessores de dona Lúcia, comanda os trabalhos na casa sempre lotada, onde a música é usada para energizar o ambiente e criar condições ideais de comunicação.

— Mais uma vez agradecemos a todas as entidades, as "energias" que estão aqui — diz o orador sentado ao lado de dona Lúcia.

Uma frase dá o tom do que está por vir:

— Nascemos para a vida eterna.

Depois da prece e do discurso de abertura, dona Lúcia pega o microfone de volta e começa a ler a lista de homenageados da sessão daquele dia. Vai começar.

Lucila Braga, Oswaldo Dauzer, Lucy Braga...

De repente, dona Lúcia interrompe a leitura para anunciar a presença de uma energia. Dá nome e sobrenome e faz uma das espectadoras saltar no meio da multidão.

— É minha tia — ela grita.

Dona Lúcia chama a visitante até o palco:

— Vem rápido antes que a energia vá embora.

A visitante se aproxima para receber ali, ao vivo, diante de todos, os cumprimentos de uma legião invisível (mudo nomes e endereços para preservar a identidade dos personagens reais).

— Deusdete Oliveira da Silva Rego.

— Meu pai.

— Lúcia da Silva Rego.

— Minha mãe.

— Cleonice da Silva Peixoto.

— Minha tia.

A lista de nomes é interminável. Dona Lúcia ergue o dedo indicador direito no ar e rabisca, no invisível, letras só vistas por ela.

Este é só o começo.

Ao longo de toda a tarde, quase 2 mil nomes serão recitados por dona Lúcia para multidões emocionadas diante de sua mesa.

— Peraí, filha. Peraí, filho — dona Lúcia diz, repetidas vezes, diante dos espectadores ávidos por notícias dos entes queridos, perfilados diante dela.

Em seguida, repete o mesmo gesto. Ergue o dedo direito no ar e começa a rabiscar o invisível.

— Nazira Melquíades.

— Minha mãe — alguém grita.

E uma nova lista de nomes e sobrenomes — muitas vezes acompanhados de endereços completos — se sucede para surpresa de todos.

— O Fábio Martins Cozza tá aqui. Ele tá mostrando que morava bem em frente a uma ponte na Baía de Todos os Santos — dona Lúcia descreve a cena vista por ela.

— Fábio, meu filho, meu querido — a mãe se emociona com a descrição da casa onde mora há trinta anos.

Ela nunca encontrou dona Lúcia antes. É sua primeira vez no centro. Não será a última, com certeza.

E a sessão continua.

— Petrolino está aqui. Diz que é sogro de Márcia e manda dizer que está com seu pai.

E lá vem Márcia, aos prantos.

Quando as "energias" desaparecem, dona Lúcia pede para o visitante diante dela dizer o nome de outra "energia qualquer".

O nome, dito em voz alta, atrai outras energias. Um nome puxa o outro, um sobrenome em comum atrai alguém ligado a outra família na multidão e o ciclo continua.

— Venham rápido quando chamados porque a energia passa e vai embora — instrui uma das assistentes, microfone em punho.

Dona Lúcia não pára. De pé, atrás da mesa, desenha letras no ar e lê o que ninguém mais, além dela, consegue enxergar.

— Tá aqui Francisco Paixão Cunha. Tá mandando um abraço para Dirce.

— Sou eu — Dirce berra do outro lado do salão e corre em direção à mesa para ouvir outras mensagens.

— Rápido, filha — dona Lúcia pede.

— Ele está mandando bênção para a rua Guaycurus, 158, apartamento 501.

— É minha casa — Dirce grita, já diante da mesa.

Mãe de cunhado, ex-patrão, ex-empregada, ex-vizinho na casa da praia, bisavô, tia-avó, primos e sobrinhos — uma multidão invisível desembarca no galpão do subúrbio carioca para levar aos visitantes do centro a mesma mensagem:

— Estamos vivos. Estamos aqui. Estamos libertos.

Mais um recado das "energias":

— Renato Arruda [*nome fictício*] pede para ligarem para a casa dele.

Dona Lúcia lê o telefone no ar. Eu anoto os algarismos e — dois dias depois — ligo.

Médico, 41 anos, Renato morreu uma semana antes do Natal de 2003 quando o carro dirigido por sua mulher derrapou na estrada de Angra dos Reis ao Rio de Janeiro e se chocou contra uma van. Traumatismo craniano.

Quem me dá todas as informações é a mãe dele, dona Marley. É ela quem atende o telefone. Não fui o único a ligar. Outro participante da sessão de dona Lúcia telefonou antes, mas ela não demonstrou entusiasmo com o recado atribuído a seu filho.

Dona Marley e o marido moram a uma quadra da médium e, a partir do endereço dela, conseguiram o telefone de sua casa. Dona Lúcia atendeu a ligação, conversou com os pais em desespero e os convidou para irem ao centro em abril.

Eles aceitaram o convite, mas naquele dia Renato não mandou notícias. Dias depois, o marido de dona Marley ligou de novo para dona Lúcia e deixou um recado na secretária eletrônica, com o número de seu telefone para um possível contato. Dona Lúcia não ligou.

— Será que ela decorou o número? — pergunta dona Marley e em seguida responde.

— Não é possível, né? Por que ela faria isto aos oitenta anos? Não tem cabimento.

Psicóloga, católica e muito desconfiada, dona Marley não tem certeza sobre questões como a vida depois da morte.

— Eu queria muito receber um recado bem pessoal do Renato, com informações que só a gente conhecesse — ela diz. — Tô procurando uma prova — afirma.

Até agora, diz, as evidências mais concretas da sobrevivência do filho vieram através de três sonhos.

— Eram muito nítidos. Pareciam reais.

Como a maioria das mães, ela está inconformada com a morte do filho.

— No início, fiquei muito revoltada, de mal com Deus. Fui ao fundo do poço. Agora estou estudando muito e tentando entender melhor o espiritismo.

Enquanto conversamos, a filha dela, um ano mais jovem do que Renato, está em Uberaba em busca de uma mensagem psicografada por Celso de Almeida Afonso. Quem a acompanha nessa busca é Maria Regina Angeiras, a mãe de Beto. A filha saiu do Rio com uma recomendação da mãe:

— Dê o mínimo de detalhes possível sobre a morte do Renato. Não conte nada a ninguém, nem a Maria Regina.

Dona Marley tem medo de que a mensagem psicografada traga apenas informações reveladas ao médium antes da sessão ou conhecidas por ele a partir das reportagens de TV.

— O que você achou da sessão da dona Lúcia? — ela pergunta.

— Impressionante — respondo. — Fiquei pasmo.

Eu e Juraci ficamos. Esta é a verdade.

No sábado, uma hora depois do início da sessão no centro de dona Lúcia, Juraci dá o veredicto:

— Não restam mais dúvidas, Marcel.

Concordo com ela.

Difícil atribuir a fraude e a prodígios da memória a lista interminável de nomes, sobrenomes, endereços e telefones recitada, ao microfone, por dona Lúcia diante de pais, mães, tios, avós e netos pasmos como nós.

— O seu marido tá dizendo que não é perfeito, mas te ama. Você ficou muito revoltada com o retrato de mulher que encontrou na gaveta dele... Ele está mandando um abraço pro Júlio... que tá tomando conta do restaurante.

A viúva confirma as informações e faz as pazes com o parceiro invisível:

— Tá tudo bem, amor. Tá tudo bem.

De vez em quando, as "energias" presentes desaparecem, principalmente quando os destinatários das mensagens demoram a se aproximar da mesa.

— No momento, eles não estão aqui — diz dona Lúcia diante dos desapontados. — Mas nada impede que eles voltem daqui a um minuto.

Instantes depois, uma surpresa.

— Ele chegou.

E lá vem o nome completo da "energia", acompanhada de sogra, irmã, tia, afilhada, vizinha.

— Estão todos juntos.

Dona Miloca, Artidônio, Eurico, Naldecy, Ceci, mãe Bé, vovó Pepita, vovô Nabor, seu Saul, Charles Amaral Faria, irmão do André Luiz, ex-namorado da Renata.

Juraci e eu nos entreolhamos várias e várias vezes ao longo da sessão.

— Você se lembra de ter visto alguma coisa assim na vida?

— Nem de perto — eu digo, e Juraci completa:

— Nem de perto e nem de longe.

E dona Lúcia divulga outro telefone enviado agora por uma "energia" chamada Gabriela. A mãe dela, Vanda, está diante da mesa.

Dois dias depois, ligo para o número divulgado na sessão e é Vanda quem atende. Gabriela tinha treze anos quando morreu há doze anos, vítima de uma leucemia galopante. Ela foi internada na terça-feira, com uma infecção na garganta, e só resistiu até o sábado seguinte.

Nesses últimos dias de vida, pediu várias vezes à mãe para ser transferida para o "quarto de cima", muito mais bonito, claro e confortável do que aquele. Nesse período, passou a conversar também com visitantes invisíveis, dois meninos. Era uma despedida.

Espírita, a mãe de Gabriela encontrou consolo nas mensagens de dona Lúcia. Hoje ela guarda em casa uma coleção de fitas gravadas e cartas psicografadas pela médium desde 1992. Marco um encontro com Vanda em seu apartamento três dias depois da sessão.

As fotos de Gabriela, já pré-adolescente, estão por todo canto na sala do apartamento na Tijuca, zona norte do Rio.

Em pouco tempo, ela parece "ressuscitar" diante de nós. Um milagre promovido por mensagens como estas:

> *"Mãezica" e "Papiti", nós continuamos sendo apenas um, pois o nosso amor é imortal, porque trazemos em nossas almas a Imortalidade.*

— Nos bilhetes, em vida, a Gabi sempre escrevia assim: "Mãezica" e "Papiti". A Lúcia não sabia disto — conta Vanda.

E tem mais. Muito mais.

> *Peço a Deus por vovô e vovó, Zaíra e Manoel Francisco Pacheco, que residem à Rua Piratininga, 122/401, na Serra...*

— O endereço é exatamente este.

E, em mensagem de novembro de 1992, também psicografada por dona Lúcia:

> *Sou a "Gabi", a Gabi" que oferece aos meus adorados pais* [...] *a minha alma em luz e o meu coração em rosas, rosas perfumadas e sem espinhos!*

— No enterro da Gabriela, eu tomei todo o cuidado para evitar espinhos nas flores. Quando minha avó foi enterrada, espinhos de uma rosa arranharam o braço dela. Eu não quis que isto se repetisse com a Gabi — conta Vanda.

Em mensagem de maio de 1993, Gabriela dedica a mensagem a "meus tão adorados pais, a meus tão amados irmãos e sobrinhos, a minha imensamente querida vó Cotinha".

— E se a Gabi não tivesse irmãos? Ela é filha única do meu segundo casamento. Tem dois irmãos do primeiro, mas a Lúcia não sabia disto. E os sobrinhos? E se ela não tivesse sobrinhos? E sabe qual o nome da avó citada por ela? Zaíra. Nós é que a chamamos de Cotinha.

Cada mensagem retirada da pasta traz uma informação, um detalhe surpreendente.

Uma das mensagens abala o ceticismo dos mais desconfiados.

Gabriela pede por Lu, Buja, Pulga, Patrícia, Márcio Mingau, Cada, Carlinhos...

Dona Lúcia nunca tinha ouvido falar nesses nomes e apelidos. Esses eram os amigos de rua e de colégio de Gabriela. Jovens que moram naquele quarteirão até hoje e que choraram juntos ao lerem o bilhete assinado por Gabriela Maria Pacheco Valença em julho de 1997. Patrícia, a filha do porteiro. "Pulga", o apelido de Márcio, um namoradinho da Gabi. Cadu, um pretendente do Colégio Militar...

— Como duvidar? — Vanda pergunta.

Era o que eu e Juraci nos perguntávamos durante a sessão conduzida por dona Lúcia ao longo de todo o sábado.

Mais uma mãe corre em direção à mesa para receber notícias do filho.

— Ele está aqui com Onorindo Raimundo — diz a médium.

— Era o patrão dele — confirma a mãe.

— Pois é. Desde 13 de dezembro de 2003, ele diz, está "liberto".

— Graças a Deus — a mãe agradece.

— Pois é, minha filha — dona Lúcia encerra.

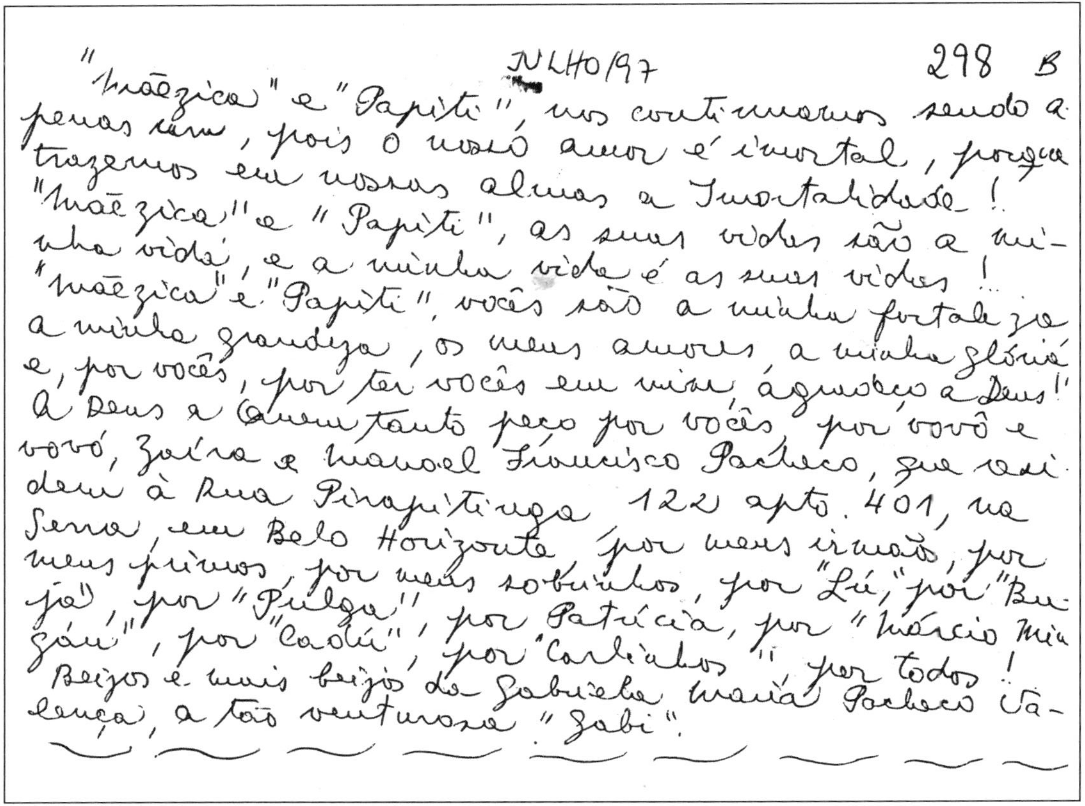

298 B

JULHO/97

"Mãezica" e "Papiti", nós continuamos sendo apenas um, pois o nosso amor é imortal, porque trazemos em nossas almas a Imortalidade!

"Mãezica" e "Papiti", as suas vidas são a minha vida, e a minha vida é as suas vidas!...

"Mãezica" e "Papiti", vocês são a minha fortaleza e a minha grandeza, os meus amores, a minha glória e, por vocês, por ter vocês em vida, agradeço a Deus!

A Deus e a Amém, tanto peço por vocês, por vovô e vovó, Zaíra e Manoel Francisco Pacheco, que residem à Rua Pirapitinga 122 apto. 401, na Serra, em Belo Horizonte, por meus irmãos, por meus primos, por meus sobrinhos, por "Lú", por "Buja", por "Pulga", por Patrícia, por "Márcio Migão", por "Caolú", por "Carlinhos", por todos!

Beijos e mais beijos da Gabriela Maria Pacheco Valença, a tão venturosa "Gabi".

Mensagem psicografada por dona Lúcia. Gabi, morta aos 13 anos, envia lembranças aos amigos do bairro e do colégio. Os amigos choraram ao ler o bilhete.

É hora de outras famílias levarem sustos. Um grupo de jovens se apresenta também no invisível.

— Eles desencarnaram na Linha Verde a caminho do Nordeste na altura de Aracaju, no dia 17 de fevereiro de 1994 — diz dona Lúcia, e os parentes perfilados diante dela confirmam a informação.

Junto com os jovens, uma verdadeira comitiva dá nomes e sobrenomes.

E lá vêm outros recados:

— Eles estão mandando beijos para Popolina, Kant, Poliana.

— São meus gatinhos — diz a visitante.

À uma e vinte da tarde, depois de duas horas de comunicações orais, dona Lúcia faz a primeira pausa. Eu e Juraci vamos para a cantina e encontramos, no meio do caminho, velhos freqüentadores do centro de dona Lúcia.

Cada um tem uma história impressionante para contar.

— Dona Lúcia é um canal aberto 24 horas — diz um advogado.

Mais um caso: numa manhã, em pleno verão, ela estava fazendo uma caminhada pela praia de Copacabana quando foi interrompida por uma jovem em busca de uma mensagem do pai.

— Como ele se chama? — dona Lúcia perguntou.

Ao ouvir o nome da "energia", ela surpreendeu a moça com a informação de que ele estava ali, naquele instante, acompanhado de uma legião de parentes. Em seguida, despejou sobre a desconhecida pelo menos dez nomes e sobrenomes. Não errou uma letra.

Quando voltamos para nossas cadeiras, Juraci começa a escrever finalmente a carta para seus filhos. Enquanto as primeiras linhas cobrem o papel, a assistente pede silêncio e puxa um novo coro. É hora de preparar o clima para a volta de dona Lúcia.

"Minhas mãos estão cheias das graças de Deus..."

Juraci enxuga lágrimas enquanto a caneta desliza sobre a página em branco. Lá no alto estão os nomes dos filhos e do pai dela. "Saudades, grandes homens da minha vida", ela começa. Num dos parágrafos, dá notícias sobre sua travessia: "Estou aqui lutando bravamente".

E lá vem dona Lúcia. E o processo todo recomeça enquanto ela entrega as mensagens psicografadas em casa e surpreende os destinatários com sua série interminável de comunicações orais.

— Quem é Neguinha? Fusquinha? Pituquinha?

— São meus gatinhos.

— E o José Luís?

— Meu galo.

— Estão todos aqui.

Quando a multidão gargalha, dona Lúcia censura com voz firme.

— Não importa a forma, gente. Importa a energia. É muito simples. Eu não posso saber se este galo aqui tem mais potencialidade energética do que eu...

Juraci interrompe por instantes a redação de sua carta, mas retoma a escrita e pinga o ponto final. Quem sabe?

Agora já alimentamos, juntos, a mesma esperança: a de receber ali uma comunicação oral, espontânea, de Daniel, Felipe... ou da tia Lourinha. Por que não?

Tudo é possível neste universo. Até mesmo a mensagem, captada por dona Lúcia, de uma "energia" para sua irmã:

— Ele diz que você é síndica de um prédio em Teresópolis e está tendo problemas com os moradores do apartamento 302. Seu nome é Beatriz?

— Sou eu mesma.

De repente, dona Lúcia diz outro nome completo e uma moça grita do meio da multidão.

— É meu irmão.

Um microfone é colocado diante de sua boca quando ela se aproxima da mesa da médium.

— Ele tinha dez anos...

Dona Lúcia completa:

— Morreu no dia 26 de agosto de 2003.

— Isto mesmo, meu irmão querido — a jovem se emociona e começa a chorar. — Separaram a gente, separaram a gente — ela repete.

Dona Lúcia interrompe o choro com voz firme:

— Ninguém separa ninguém, minha filha. Vocês estão juntos. Ninguém acaba. Ele está feliz e quer te ver feliz.

Agora a médium lê o trecho de uma das mensagens, quase sempre curtas, psicografadas por ela em casa.

Amados pais, vocês são os faróis radiosos e gloriosos que clareiam minha estrada.

A mãe, já postada diante da mesa, com o microfone diante da boca, agradece:

— Que bom, minha filha, que bom.

Dona Lúcia lê o texto e descreve as imagens vistas por ela durante a leitura. Com o dedo indicador suspenso no ar, desenha três corações e explica:

— Ela está desenhando três corações e escrevendo ao lado de cada um deles uma palavra: Papito, Ju, Mamãe.

— Minha filha querida — a mãe diz e dona Lúcia retribuiu.

— Ela ama muito todos vocês,

Diante da mesa, instantes depois, duas famílias se encontram e recebem de dona Lúcia a notícia de que os filhos deles estão juntos no mesmo "inconsciente coletivo".

— As energias estão comentando que se conheceram na igreja onde foi rezada a missa de sétimo dia deles. As missas foram realizadas na mesma igreja?

As famílias confirmam a informação e dona Lúcia festeja:

— Que bacana, né, gente? Eles se conheceram depois de libertos.

São muitas e muitas as cenas inacreditáveis e os diálogos improváveis ao longo do dia.

— Seu filho manda dizer que está muito mais vivo agora do que no período de 27 de março de 73 a 29 de dezembro de 2001 — afirma dona Lúcia enquanto rabisca o invisível.

O pai, diante dela, explode numa crise de choro e é consolado pela médium.

— O Luciano está dizendo que não foi assassinado. Foi beneficiado pela luz.

Muitos enxugam lágrimas no salão.

Este é o pai do jovem morto pelo tio. Não é a primeira visita dele ao centro. Dona Lúcia divulga seu telefone celular, um número de Curitiba, e pede para ele deixar o aparelho ligado.

— Seu filho diz que vai ligar.

Eu e Juraci nos entreolhamos pela centésima vez. Dona Lúcia explica o inexplicável:

— É muito simples, gente. Basta apenas que a energia capte ectoplasma suficiente para materializar as cordas vocais e conseguir discar o número do aparelho telefônico. É só isto.

Vanda, a mãe da Gabriela, conta ter recebido uma ligação da filha depois de morta.

— Atendi o aparelho e ouvi o "Alô". Não tive dúvidas. Era ela. Mas a voz foi perdendo a força e desapareceu.

Aos que duvidam de fenômenos como estes, dona Lúcia explica:

— Tudo faz parte da complexidade do princípio de inteligência: Deus. A gente só desencarna quando termina a energia bioplasmática.

Um pai quer mais provas e pede para dona Lúcia dar informações específicas sobre a "energia" procurada por ele para quebrar o ceticismo do irmão.

— Ele é muito cético — o pai diz ao microfone.

Dona Lúcia demonstra certa irritação.

— Cada um tem um caminho. Eu não tenho religião, mas quem não acreditar em Deus é maluco — diz. — A gente coloca um caroço de manga no chão e a mangueira cresce. O dia amanhece e anoitece. Não dá para negar o princípio cosmogênico da inteligência. Tudo é Deus. Nós somos Deus.

O discurso se alonga desta vez.

— Agora, milagres não existem. Existe a lei da causa e efeito. Eu me jogo do quinto andar e digo: "Se Deus existe, faça com que eu não me arrebente". O que acontece? Eu me arrebento. É a lei da gravidade. É a ciência.

Para concluir, ela manda um recado para o cético citado pelo pai:

— Se ele é cético, deixe ele continuar assim. Quem sabe não é a programação dele?

De vez em quando, durante a sessão, dona Lúcia não consegue, segundo ela, captar a energia procurada pelas famílias ali.

— A energia muitas vezes não está presente — ela explica, e faz questão de definir o próprio papel nesse intercâmbio. — Sou importante apenas como receptor e transmissor. Sou apenas um porta-voz da consciência cósmica.

As "energias" continuam a chegar. É difícil não imaginar aquela multidão invisível aglomerada ao nosso redor, pairando sobre nossas cabeças.

Será que Daniel e Felipe estão ali também? E a tia Lourinha?

Nenhum sinal, mas eu e Juraci não tocamos no assunto.

Às cinco e meia da tarde, dona Lúcia encerra a sessão, ao som de *Bandeira branca*, um dos *hits* já entoados por sua cantora preferida, Dalva de Oliveira.

"Bandeira branca, amor, não posso mais..."

Os olhos de Juraci brilham. Os meus também.

— Nem preciso mais receber mensagens dos meus filhos para acreditar — ela diz. — Graças a Deus — agradece, emocionada.

Logo depois da sessão, com a ajuda de Waldemar, somos recebidos por dona Lúcia em sua sala no mezanino. Ela está sentada — quase afundada — numa poltrona em frente à janela e, com seus olhos vivos, nos recebe para uma breve conversa. Lá embaixo, no salão, os assessores iniciam a entrega de mais de 1300 mensagens psicografadas pela médium nas últimas semanas. Naqueles bilhetes — quase todos concisos, como os recebidos por Vanda —, devem ser citadas, ao todo, segundo estimativas de Waldemar, mais de 8 mil "energias" diferentes.

É ao som da chamada dos destinatários dessas mensagens — multiplicada pelos alto-falantes — que nós conversamos.

Dona Lúcia me recebeu com um objetivo claro: obter meu compromisso de não revelar, no livro, seu sobrenome nem o endereço do centro.

— Sou só um instrumento — ela repete. — O trabalho é todo da consciência cósmica — insiste. — Sabe o que eu faço lá embaixo, na mesa?

— O quê?

— Abro a boca.

Durante todo o trabalho, ela diz, quem está lá recitando a lista interminável de nomes, endereços e telefones diante da multidão, é outra pessoa, o "quantum" ao qual ela pertence, sua "consciência ampliada", como diria o médium de Brasília.

— Tenho até medo daquela mulher lá — brinca dona Lúcia.

No seu discurso, pontuado por conceitos da física quântica, inacessíveis a leigos como eu e Juraci, somos todos definidos como "projeções espectrais encarnadas ou desencarnadas".

— A gente tem que encarar tudo isto cientificamente — ela diz. — A gente precisa crescer. Não adianta só o fenômeno. O importante é a explicação do fenômeno, como e por que ele acontece.

— A psicografia é mesmo uma fronteira complexa — diz.

— São tênues os limites entre a mediunidade e o animismo — afirma.

Explico os objetivos da minha investigação e falo sobre a busca de Juraci, com a esperança — confesso — de obter da médium, ali ao vivo, uma comunicação oral de Daniel e Felipe. Quem sabe? Juraci descreve as duas perdas em poucas palavras e — quando diz a palavra "assassinado" — detona em dona Lúcia uma nova visão.

— Dois jovens apareceram aqui, agora. Estão aqui com a gente. Eles foram assassinados há pouco tempo no Rio.

Diz os nomes e sobrenomes e o local exato do crime — dados que não consigo ouvir com clareza por causa do barulho vindo lá de baixo.

Não. Daniel e Felipe não apareceram — nem tia Lourinha — mas saímos impressionados da sala com a segurança da médium e com a quantidade de conceitos despejados por ela sobre nós.

— Impressionante, né? — repetimos um para o outro.

Difícil duvidar, mas há ainda quem questione a origem de tantas informações reveladas ao longo de cada sessão. A desconfiança faz parte deste universo. É com a descrença dos outros que médiuns têm de lidar ao longo de toda a sua trajetória. É inevitável. Dona Lúcia sabe disto e toma um cuidado antes de iniciar cada sessão. Tira os brincos, uma das poucas vaidades que se permite, para ninguém acusá-la de esconder pontos eletrônicos nas orelhas.

Juraci vai voltar. Eu também.

Quem sabe?

Uma receita

Hoje, 8 de julho de 2004, escrevo o último capítulo deste livro. Durante meses convivi com a dor de famílias inconformadas com a perda de entes queridos. Saudade, angústia, revolta, esperança desmedida, descrença absoluta, muita, muita vontade de acreditar que a vida continua e que a morte não é tão implacável como parece.

A dor, neste universo, é imensa e a saudade dos que partiram, aprendi, aumenta a cada dia. Nunca diminui. É preciso respeitar e entender esta dor, é preciso ouvir estes pais — por mais tristes que sejam suas histórias — e oferecer apoio às famílias enlutadas.

Mensagens psicografadas não bastam. Cartas "bem-intencionadas" repletas de dados transmitidos aos médiuns por mães em desespero só levantam suspeitas sobre a legitimidade do intercâmbio mediúnico. A fé deve vir de dentro para fora e não ser construída, ou forjada, às custas de médiuns sempre falíveis, como Chico cansou de repetir ao longo da vida.

Há meia hora conversei com uma mãe em busca de uma mensagem do filho único morto em acidente de carro. Ela telefonou para receber indicações de médiuns confiáveis no Brasil e ouviu um conselho:

— Em qualquer centro, forneça o mínimo de informação possível ao médium e, caso receba a mensagem, tente identificar ali dados que você não revelou a ninguém. Só assim você terá certeza da autenticidade, ou não, da mensagem.

É um conselho difícil, quase impossível, de ser seguido por boa parte das famílias em sofrimento. Muitas delas querem contar seu drama, falar de suas perdas e — o mais duro — precisam desesperadamente de uma mensagem dos filhos, uma comprovação da sobrevivência deles, mesmo que, para isto, seja preciso fornecer as informações para a carta.

O conselho mais valioso — e talvez menos difícil de ser seguido quando o desespero inicial se atenua — é o mesmo repetido por Chico (e praticado por ele) ao longo de seus 92 anos de vida: trabalhe. Ocupe o tempo, de preferência ajudando outros que, você vai ver, muitas vezes precisam de mais ajuda e mais consolo do que você próprio.

Aos céticos, durante palestras e entrevistas pelo Brasil, eu sempre digo:

— Você pode duvidar da sobrevivência do espírito, da vida depois da morte, mas não pode negar um milagre realizado por Chico Xavier: o de tirar as pessoas do "próprio umbigo". O de colocar gente de todo o Brasil em contato com as necessidades e as dores dos outros através da caridade, do trabalho social.

Demagogia? Assistencialismo?

— Se uma casa está pegando fogo a gente cruza os braços e espera os bombeiros chegarem ou ajuda com uns baldes de água? — Chico perguntava.

Há casas em chamas pelo Brasil inteiro, um país a cada dia mais violento e injusto. Há mortes estúpidas a cada esquina, perdas incompreensíveis, lutos insuportáveis a serem vencidos. Como? Com caridade. Esta é a palavra-chave, por mais piegas que nos pareça e por mais difícil que seja de praticar. Dá trabalho sim, mas traz consolo, e muito, a quem é ajudado e, principalmente, a quem ajuda.

Esta é uma das lições irrefutáveis de Chico.

Agradecimentos

Este livro seria outro — bem diferente — se não fosse Juraci Quirino e a confiança que ela depositou em mim do início ao fim do trabalho. Tanta confiança, que ela se recusou a ler os originais antes da publicação do livro, por mais que eu tenha insistido. Espero não decepcioná-la.

A todos os pais e mães que me abriram suas casa e suas histórias, eu também agradeço. Sueli Ranieri e Valdes, Mariazinha, Vilma e Nelson, Vânia, Maria Regina Angeiras... e tantos outros. Também dedico este livro a vocês e a seus filhos: Roberto, Daniela, Vanessa e Caroline, Gabriela, Beto. Jovens que conheci nas conversas com os pais e que aprendi a admirar também.

Ao médium de Brasília — que faz questão de se manter incógnito — o meu muito obrigado. Imagino o quanto foi difícil abrir sua casa e revelar suas dúvidas a um desconhecido como eu. Pena "tia Lourinha" não ter reaparecido ao longo desta investigação. Quem sabe um dia?

Agradeço também o apoio científico do físico Alexandre Fontes da Fonseca, da USP, que me ajudou a evitar erros grosseiros no capítulo — curto, eu sei — sobre a ciência da mediunidade.

Uma aliada também importante — sempre pronta a ouvir meus desabafos e minhas dúvidas — foi Sonia Zaghetto, solidária do começo ao fim deste processo. Espero ter escrito um livro à altura de suas convicções e expectativas.

Muito obrigado também a Carlos Dias, de Campinas. Seus livros e conselhos — sempre sensatos — me ajudaram em momentos decisivos desta pesquisa.

Juquinha, dona Antonieta, Leopoldo e Zenóbia, da Irradiação Espírita de Goiânia, Jonas Barbosa, da União Espírita do Pará, em Belém, Oceano Vieira, Iracema, Tupinambá, Júnior, Paulo Roberto Pires, Célia Diniz, Arnaldo Rocha, Constantino e Maria Aparecida — este livro também se deve a vocês.

Obrigado a todos que leram estes originais antes da publicação. Anabela Paiva, minha mulher — leitora atentíssima e sempre crítica —, Rose, minha mãe — generosa e corajosa em todas as suas observações —, Ronan, meu pai — sempre preocupado com o ritmo e a justiça desta narrativa — e João, meu irmão — que leu e aprovou os originais ao longo de uma madrugada.

Muito obrigado também a Cesar Gonzalez e Pascoal Soto, da Editora Planeta, que me deram total apoio durante esta investigação, que envolveu uma série de viagens a São Paulo, Brasília, Uberaba e Foz do Iguaçu.

Merecem também muitos e muitos pedidos de desculpas todos aqueles que eu tenha deixado de citar aqui. Obrigado a vocês. E até a próxima.

Bibliografia

AFONSO, Celso de Almeida. *Juntos para a eternidade* (com Izis Duarte). Uberaba: Ed. e Liv. do Centro Espírita Aurélio Agostinho, 1990.

——— *A serviço da mediunidade*. Uberaba: Ed. e Liv. do Centro Espírita Aurélio Agostinho, 2001.

——— *Corações de luz* (com Braz José Marques). Uberaba: Ed. e Liv. do Centro Espírita Aurélio Agostinho, 1998.

——— *Jardim de crianças* (com Braz Marques e César Carneiro). Uberaba, Minas Gerais, Ed. e Livraria do Centro Espírita Aurélio Agostinho, 1997.

——— *Cartas abertas*. Uberaba: Centro Espírita Aurélio Agostinho, 1998.

——— *Morte: que assunto é esse?* Uberaba: Centro Espírita Aurélio Agostinho, 2003.

ANDRADE, Hércio Marcos Cintra. *Notáveis reportagens com Chico Xavier*. Araras: Instituto de Difusão Espírita, 2002.

ANGEIRAS, Maria Regina Angeiras. *Que caminho é este?* (com Luiz Alberto Barbosa Gomes e Celso de Almeida Afonso). Uberaba: Ed. e Liv. do Centro Espírita Aurélio Agostinho, 2003.

BACCELLI, Carlos A. *Aprendendo com a morte* (com Pedro A. Bonilha). Votuporanga: Casa Ed. Espírita Pierre-Paul Didier, 2000.

——— *Falando de mediunidade*. Votuporanga: Casa Ed. Espírita Pierre-Paul Didier, 2003.

——— *Corações redivivos*. Votuporanga: Casa Ed. Espírita Pierre-Paul Didier, 1995.

——— *O espírito de Chico Xavier*. Uberaba: Lar Espírita Ed. Pedro e Paulo, 2004.

——— *No mundo da mediunidade*. Uberaba: Liv. Espírita Ed. Pedro e Paulo, 2002.

CROOKES, William. *Fatos espíritas*. Rio de Janeiro: Federação Espírita Brasileira, 1996.

EDLER, Richard. *O significado da vida*. São Paulo: Alegro, 2000.

KARDEC, Allan. *O livro dos espíritos*. Rio de Janeiro: Federação Espírita Brasileira, 1944.

——— *O Evangelho segundo o espiritismo*. Rio de Janeiro: Federação Espírita Brasileira, 1944.

——— *O livro dos médiuns*. Rio de Janeiro: Federação Espírita Brasileira, 1944.

KASTEMBAUM, Robert. *Haverá vida depois da morte?* Rio de Janeiro: Nórdica, 1984.

MAIOR, Marcel Souto. *As vidas de Chico Xavier*. São Paulo: Planeta do Brasil, 2003.

PERANDRÉA, Carlos Augusto. *A psicografia à luz da grafoscopia*. Londrina: Núcleo Espírita Universitário, 1991.

QUEVEDO, Oscar. G. *Identificação dos mortos?* São Paulo: Loyola, 2001.

RAMOS Filho, Osmar. *O avesso de um Balzac* contemporâneo. Rio de Janeiro: Lachatre, 1994.

SEVERINO, Paulo Rossi (com equipe AME-SP). *A vida triunfa* (pesquisa sobre as mensagens que Chico recebeu). São Paulo: Fé, 1992.

VIEIRA, Waldo. *Cristo espera por ti*. Uberaba: Comunhão Espírita Mineira, 1965.

——— *700 experimentos da conscienciologia*. Rio de Janeiro: Instituto Internacional de Projeciologia, 1994.

——— *Homo sapiens reurbanisatus*. Foz do Iguaçu: Associação Internacional do Centro de Altos Estudos da Conscienciologia (CEAEC), 2004.

WEISS, Brian. *A divina sabedoria dos mestres*. Rio de Janeiro: Sextante, 1999.

WHITTON, Joel L. (com Joe Fisher). *Vida transição vida*. São Paulo: Pensamento, 1986.

XAVIER, Francisco Cândido. *Claramente vivos* (com Elias Barbosa). Araras: Instituto de Difusão Espírita, 1979.

——— *Diálogo dos vivos* (com J. Herculano Pires). São Paulo: Grupo Espírita Emmanuel (GEEM), 1984.

——— *Entre duas vidas* (com Elias Barbosa). Uberaba: Minas Gerais, Comunhão Espírita Cristã, 1975.

——— *Enxugando lágrimas* (com Elias Barbosa). Araras: São Paulo, Instituto de Difusão Espírita, 2002.

——— *Estamos no além* (com Hércio Marcos C. Arantes). Araras: Instituto de Difusão Espírita, 1983.

——— *Estamos vivos* (com Elias Barbosa). Araras: São Paulo, Instituto de Difusão Espírita, 1993.

——— *Evolução em dois mundos* (em parceria com Waldo Vieira). Rio de Janeiro: Federação Espírita Brasileira, 1958.

——— *Jovens no além* (com Caio Ramacciotti). São Paulo: Grupo Espírita Emmanuel (GEEM), 2003.

——— *Lealdade* (com Maurício Garcez Henrique e Hércio Marcos C. Arantes). Araras: São Paulo, Instituto de Difusão Espírita, 1992.

——— *Mecanismos da mediunidade* (em parceria com Waldo Vieira). Rio de Janeiro: Federação Espírita Brasileira, 1960.

——— *Missionários da luz*. Rio de Janeiro: Federação Espírita Brasileira, 1943.

——— *Nos domínios da mediunidade*. Rio de Janeiro: Federação Espírita Brasileira, 1955.

——— *Nosso lar*. Rio de Janeiro: Federação Espírita Brasileira, 1944.

——— *Os mensageiros*. Rio de Janeiro: Federação Espírita Brasileira, 1944.

——— *Parnaso de além-túmulo*. Rio de Janeiro: Federação Espírita Brasileira, 1932.

——— *Seguindo juntos*. São Paulo: Grupo Espírita Emmanuel (GEEM), 1983.

——— *Sexo e destino* (em parceria com Waldo Vieira). Rio de Janeiro: Federação Espírita Brasileira, 1963.

——— *Somos seis* (com Caio Ramacciotti). São Paulo: Grupo Espírita Emmanuel (GEEM), 1996.

Este livro foi composto em Minion
para a Editora Planeta do Brasil
em novembro de 2008